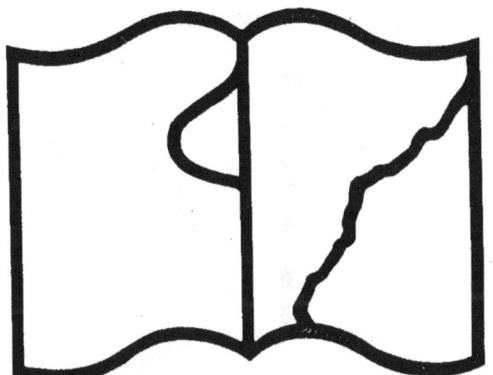

Texte détérioré — reliure défectueuse

NF Z 43-120-11

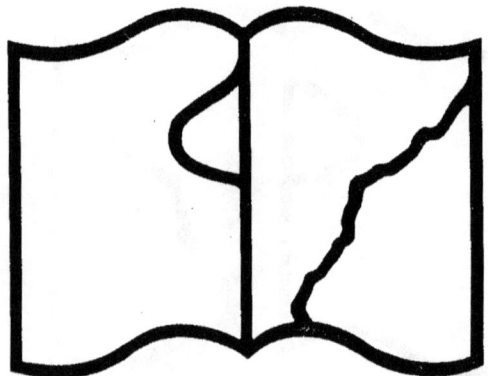

Texte détérioré — reliure défectueuse
NF Z 43-120-11

La
SCIENCE
et
L'INDUSTRIE

La SCIENCE et L'INDUSTRIE EN 1913

PAR

Henri VIGNERON

Préface du Dr François HELME

PARIS
Librairie des Sciences et de l'Industrie
Louis GEISLER, Imprimeur-Éditeur
1, Rue de Médicis, 1

1914

PRÉFACE

La vulgarisation scientifique qui mériterait peut-être un nom plus distingué — Vulgarisation ? — est chose ancienne et vénérable. Sans remonter à la préhistoire, on peut dire que l'homme, dès qu'il crut tenir dans sa main quelques vérités, s'empressa d'en faire profiter ses compagnons de misère. C'est même ce besoin d'instruire les autres qui nous distingue le mieux des bêtes. Instinct de chasse mis à part, on n'a jamais vu un animal faire l'éducation de ses petits tandis que les humains se sont toujours empressés, je le répète, d'étendre autour d'eux le domaine de leurs connaissances.

Parmi les grands vulgarisateurs du passé, je m'en voudrais de ne point citer d'abord Celse, l'ami d'Horace et d'Ovide et qui le premier entreprit de soumettre sa langue maternelle au joug scientifique : Rude tâche !

Après lui on peut signaler les médecins salernitains, les géographes, les agronomes ; puis, pour passer sans retard aux modernes, on peut dire que la vulgarisation scientifique s'installa surtout au xvie siècle. A ce moment la noblesse qui jusqu'alors s'était contentée, pour signer les actes, d'un coup de pommeau d'épée appliqué sur le scel de cire, sortit des collèges, instruite, et surtout enflammée d'une curiosité extraordinaire. Erasme, Montaigne, Rabelais sont non seulement des encyclopédistes, mais encore des enseigneurs formidables.

Toutefois, l'œuvre commencée à la Renaissance semble encore gagner en force — *vires acquirit* — au moment où s'ouvre le xviie siècle. Sous l'impulsion de Colbert, des architectes élèvent des palais nouveaux. Mais comme le Roi s'intéresse de sa personne à ces entreprises magnifiques, il devient à la mode de s'initier aux calculs des savants. Ajoutez à cela que la vieille astrologie a pris rang officiel dans les sciences et que maints châtelains occupent désormais leurs loisirs à pénétrer les mystères de la voûte céleste. Des ingénieurs étrangers, Rhennequin-Sualem entre autres, appelés à la Cour édifient des machines élévatoires qui dérivent, au profit de Versailles qui manque d'eau, le cours de la Seine, et c'est pourquoi, après avoir appris l'architecture, on s'intéresse à la mécanique.

À ce moment, l'enthousiasme pour la science est tel que, durant son séjour à Paris, la reine de Suède visite surtout les savants et que Descartes, ambassadeur de la pensée française, est accueilli avec une exceptionnelle faveur dans toutes les Cours du Nord. Bossuet, qui est peut-être le plus grand vulgarisateur du xviie siècle, ne dédaigne pas d'entrer dans la lice. Ayant à mener à bien l'éducation du Dauphin, il résolut de faire enseigner à son royal disciple la physique, la mathématique et enfin l'anatomie. C'est Rohault, l'ami de Molière, qui enseigne la physique au Dauphin, l'architecte Blondel, le constructeur de la Porte Saint-Denis, l'initie à la mathématique, et c'est à Duverney qu'échoue l'anatomie. Ce Duverney était un vulgarisateur si enthousiaste, il prit si bien à cœur son apostolat, que bientôt la Cour et la ville raffolèrent de sciences naturelles, et cela même agaçait un peu Molière. Pour ne prendre qu'un exemple, songez que la jeune comtesse de Coigny ne voyage pas sans emporter dans le coffre de sa voiture un cadavre à disséquer et que Montesquieu, le grand Montesquieu, s'intéresse lui-même à l'anatomie des grenouilles.

Ainsi donc, Renaissance d'une part, efforts de Colbert, de Louvois et de Bossuet d'autre part, mettent en honneur la vulgarisation scientifique dès les xvie et xviie siècles, et ceci n'est pas une vue de l'esprit. M. Lanson, il y a quelques années, dans ses cours à la Sorbonne, ne manqua point d'insister sur cette évolution ; vous n'avez au surplus qu'à lire le *Traité de la Connaissance de Dieu et de soi-même*, pour voir à quel point Bossuet mérite le titre d'ancêtre de la vulgarisation scientifique que nous lui décernions tout à l'heure.

La manie nouvelle fait rage au xviiie siècle et ici le nom de Diderot est à mettre au premier plan. Doué d'une imagination terrible et d'une curiosité insatiable, le père de l'Encyclopédie s'attache à tout, prétend tout connaître. Mais notez que si l'évêque de Meaux put écrire son traité en se basant sur les faits scientifiques admis par ses contemporains, c'est bien parce qu'il y avait un public capable de s'y intéresser ; de même si Diderot n'hésita point à entreprendre l'œuvre gigantesque de l'Encyclopédie, n'est-ce pas aussi parce que le public, un nombreux public, était prêt à couvrir les frais immenses consentis par ses éditeurs ?

*
* *

Vous le voyez donc, la vulgarisation que nous croyons fille des sciences modernes possède ses lettres de noblesse.

Si j'avais à énumérer les individualités capables de s'intéresser à l'effort d'un Diderot, d'un Fontenelle, cet autre vulgarisateur illustre, je pourrais citer la traduction de Buchan. L'éditeur qui aimait la statistique a noté soigneusement dans un prospectus que j'ai sous les yeux les professions de ses principaux clients. J'y trouve d'abord des libraires, puis des curés, puis des nobles. Enfin viennent les fonctionnaires en petit nombre et moins nombreux encore des évêques et des médecins. Quant aux officiers, aux fermiers généraux, ils ne figurent sur le tableau qu'à l'état d'unité et c'est peu. En ce qui concerne les fermiers, on peut dire néanmoins que si ces financiers n'avaient pas la quantité, ils avaient la qualité puisque parmi eux figure Lavoisier dont il serait superflu, n'est-ce pas, de rappeler le rôle.

Ne croyez pas d'ailleurs que la vulgarisation restât cantonnée dans le domaine purement spéculatif. Nos pères étaient bien trop pratiques pour ne pas profiter de la curiosité depuis longtemps éveillée dans le public. C'est ainsi que nous voyons, au moment de la campagne de 1796 en Italie, le Directoire éditer lui-même un petit ouvrage de vulgarisation destiné à instruire les commandants d'armées sur tous les phénomènes météorologiques, sur la physique, l'hygiène et sur les maladies que nos troupes ont intérêt à connaître.

Ce besoin de savoir, de tout savoir, nul peut-être ne le poussa si loin que Bonaparte et j'en retiendrai pour preuve un fait peu connu. Au moment où les troupes anglaises abordent en Hollande, le général qui commande le corps d'occupation, aussitôt en alarme, dépêche estafettes sur estafettes à l'empereur. L'ennemi a un corps d'armée de 10.000 hommes. Comment lui résister avec les quelques troupes disséminées dans un pays où les communications n'existent pour ainsi dire pas ? Le Maître ne répond rien d'abord, mais comme son lieutenant insiste, il le rassure d'un mot : « Tenez vos bataillons loin des plages, mande-t-il, les Anglais ont contre eux le général fièvre qui saura bien les mettre à la raison ». En effet, la fièvre paludéenne se chargea de justifier les prévisions de Napoléon, et 500 ou 600 Anglais seulement sur les 10.000, regagnèrent en toute hâte leur île sans avoir pu tirer un coup de fusil.

*
*

Après cette courte incursion à travers le passé, il me faudrait maintenant montrer le rôle des vulgarisateurs chez nos modernes. Comme les porteurs de flambeaux d'Eleusis, les lueurs qu'ils répandent vont éveiller sans cesse chez les lecteurs des curiosités nouvelles. Qui dira les vocations suscitées par la lecture d'un article bien fait touchant les sciences ? Parlerai-je de Drouot dont l'imagination s'enflamme à la lecture de vieux livres de science dépareillés ? Citerai-je Berthelot ? Et que dire de Pasteur ?

Tout en voulant me garder ici d'une grandiloquence qui ne serait point à sa place, j'ai assez l'expérience des hommes et de la vie pour affirmer hautement que les vulgarisateurs dont le rôle n'est vraiment pas assez apprécié, sont avant tout des suscitateurs d'âmes.

Là toutefois ne se borne pas leur tâche. Aujourd'hui notre planète, grâce à la facilité des communications interhumaines, est devenue tellement étroite, et tellement grand depuis une quarantaine d'années a été l'essor de l'industrie, que les hommes, si bien outillés qu'ils soient cérébralement, ne peuvent plus se targuer de tout savoir. Si j'osais, je dirais que celui d'entre nous qui prétendrait imiter les encyclopédistes, mourrait rapidement accablé par la dyspepsie mentale. Eh bien, dans notre société, le rôle du vulgarisateur est précisément d'aider à la diffusion des connaissances et de suppléer au défaut qui résulte de leur étendue et de leur variété même.

Le médecin enseignera au public ce qu'il sait des phénomènes morbides, le physicien, le chimiste, attireront l'attention de l'industriel sur des procédés nouveaux, inconnus de lui, et peut-être dans un simple écho trouvera-t-il quelque jour le secret de sa décadence industrielle et le moyen d'y porter remède. C'est là, vous le voyez, un résultat tout nouveau de l'influence vulgarisatrice. Cantonnée hier dans le domaine spéculatif, elle est entrée de plein pied dans le domaine économique.

Malheureusement, toute médaille ayant son revers en ce bas monde, plus le rôle du chroniqueur scientifique est grand, plus pénétrants se font ses rayons, plus sa tâche est rude ; et ici j'aurais à retracer les difficultés qui attendent l'écrivain si le livre même de M. H. Vigneron n'illustrait mieux que je ne pourrais le faire moi-même la thèse que je soutiens et que je formule en deux mots : A notre époque, et parce qu'il est très écouté, très suivi par une clientèle sans cesse grandissante, le vulgarisateur ne doit rien avancer dont il ne soit sûr. Oh, je sais bien qu'un beau titre sonore est parfois bien tentant ! Un chercheur émet une hypothèse chatoyante, comment se défendre de la présenter sous les traits de la réalité ? Il faut, pour résister à cet entraînement, bien naturel après tout, une vraie force d'âme, et inlassablement il est nécessaire que la froide raison enchaîne la folle du logis. Elle n'y réussit pas toujours, avouons-le, et Claude Bernard, qui fut le grand vulgarisateur du XIXe siècle, s'en plaignait doucement dans ses belles études de la *Revue des Deux Mondes*.

M. H. Vigneron s'est bien gardé au cours de ces pages d'encourir ce reproche. Il ne raconte pas ce qu'on dit, mais ce qu'on a fait, et pour moi tout le secret de la vulgarisation est là. Mais j'en ai assez dit et je m'arrête. Vous m'excuserez d'avoir osé ainsi, au seuil d'un beau livre, loué les vulgarisateurs qui sont gens modestes et qui ne me pardonneraient pas d'en dire davantage.

Les Français sont des apôtres, et c'est pourquoi leur âme apparaît aux étrangers si attirante à la fois et si troublante. Mais parmi ces ouvriers de la pensée, nul ne poursuit plus utilement l'œuvre d'apostolat propre à la race. Humbles journalistes ou écrivains en renom, tous, quel que soit leur rang, peuvent, en se donnant la main, prétendre aux mêmes couronnes parce que tous luttent pour faire connaître la vérité, l'éternelle fugitive, et c'est à eux que s'appliquent les vers du poète :

> Jetons l'œuvre à la mer, la mer des multitudes;
> Dieu la prendra du doigt pour la conduire au port.

Dr François Helme.

INTRODUCTION

L'année 1913 vient de s'écouler. Qu'a-t-elle apporté de nouveau dans le monde ? Quelles sont les conquêtes que la science et l'industrie ont eu à enregistrer pendant ces douze mois déjà loin de nous et qui, dans la fièvre sans cesse croissante de la vie moderne ont passé si rapidement ? Signalées au fur et à mesure de leur apparition par les journaux techniques ou quotidiens, elles ont pu nous frapper ou au contraire passer inaperçues. Le but de ce livre modeste est de rassembler les faits les plus importants de l'année, de faire une revue rapide des grands événements de 1913.

Tâche téméraire sans doute — car forcément notre exposé sera incomplet, l'activité humaine s'exerçant sur trop de points différents, et des faits, insignifiants aujourd'hui, révolutionneront peut-être le monde demain, tandis que des découvertes sensationnelles tomberont dans l'oubli — mais tâche utile et nécessaire croyons-nous.

Combien d'industriels, de commerçants, d'ingénieurs, d'intellectuels, croient être venus trop tard dans un monde trop vieux ne semblant pas se douter que jamais les occasions d'initiatives hardies et de grandes découvertes n'ont été plus nombreuses. C'est à eux que nous avons pensé en écrivant ce livre.

C'est aussi à ceux que le labeur quotidien absorbe tout entier, à ceux qui, loin des foyers d'activité industrielle ou scientifique, ne perçoivent qu'une vague rumeur du grand bruit que fait l'humanité en marche.

Pour que ce livre remplisse son but, il fallait qu'il soit accessible à tous mais tout en étant assez précis et assez complet pour constituer une lecture substantielle et profitable. Nous n'avons donc pas hésité à donner parfois quelques renseignements techniques, indispensables pour comprendre l'importance d'une question.

Nous l'avons fait sans crainte, car le temps n'est plus où la vulgarisation se traînait, lamentablement terre à terre, prononçant timidement de grands mots, n'osant donner ni une description complète ni un renseignement précis, se croyant obligée de parsemer de calembours, d'images et de comparaisons d'une banalité attristante, des exposés superficiels et vides dont le lecteur ne tirait ni agrément ni profit.

Grâce au développement de l'instruction, à l'orientation plus positive et plus expérimentale des études, à la pénétration sans cesse plus intime de la science, de l'industrie et de la vie journalière, il n'est plus que quelques rares personnes pour se désintéresser de toute question non exclusivement littéraire. C'est une vérité qu'il est bon de constater, c'est une évolution heureuse de la mentalité de nos contemporains.

A ce point de vue cependant, la France est restée en arrière sur d'autres nations. Comme le constatait le Dr F. Helme dans un article de la *Presse Médicale* :

« Nous avons beau avoir fait, depuis un siècle, des émeutes et des révolutions, nous avons beau nous montrer en toute occasion les soldats de l'Idéal sur le terrain humanitaire et social, nous sommes demeurés le peuple le plus conservateur du monde. Naguère encore, les journaux constituaient pour chacun de nous l'arme de combat qui servait notre conception philosophique, littéraire et économique. Des articles plus ou moins bien conçus, plus ou moins bien rédigés nous suffisaient. On y ajoutait pour l'agrément, car en France rien ne va sans un peu de grâce, des nouvelles ou des contes ; enfin des informateurs, chargés chaque jour de faire la voirie de la ville, nous apportaient les menus faits, les scandales ou les crimes de la veille.

« Telle fut, jusqu'à ces dernières années, la conception du journalisme. Puis la planète s'étant rétrécie, grâce aux communications grandissantes, un autre besoin surgit. On voulut connaître sans retard tous les drames heureux ou malheureux qui se déroulent sur les divers points du globe. On devint curieux de science aussi, et le public entendit être prévenu des moindres recherches...

« En Amérique, en Angleterre et en Allemagne, la part réservée aux choses scientifiques est réellement extraordinaire, et de cela nous n'avons pas du tout l'air de nous douter. Je pourrais vous citer tels journaux allemands où l'information scientifique est aussi bien tenue à jour que dans le meilleur de nos journaux techniques.

« Chez nous, avec notre esprit traditionaliste, nous sommes demeurés rebelles à ce besoin de lueurs sur toutes choses. L'information scientifique bégaye encore chez nous, et rares sont les journaux qui ont, de ce côté, un service complètement organisé. »

Sans prétendre documenter les spécialistes sur les questions auxquelles ils se consacrent, nous avons essayé de donner dans un exposé aussi clair que possible quelques renseignements sur les grands événements scientifiques et industriels de l'année 1913.

Si ce livre peut intéresser et instruire, notre but aura été atteint.

Paris, le 15 Décembre 1913.

H. Vigneron.

TRAVAUX PUBLICS

LE
CANAL DE PANAMA

Historique. — Géologie du canal. — Le climat. — L'organisation du « Canal zone ». — L'organisation des services. — La tranchée de la Culebra. — Le barrage de Gatun. — Les écluses. —. Les services annexes.

Le 10 octobre, le président Wilson a déterminé, de son cabinet de la Maison Blanche, l'explosion du dernier barrage qui, à Gamboa, empêchait encore les eaux du lac de Gatun de se réunir à celles de la tranchée de la Culebra inondée précédemment ; les eaux des deux océans : Pacifique et Atlantique, se mêlaient enfin, et le rêve grandiose formé par les Français dès 1838 était réalisé.

Le 25 novembre le petit remorqueur *Louise* qui en 1886 transporta Ferdinand de Lesseps à l'embouchure du Rio-Grande eut l'honneur de faire la première traversée complète du canal.

Entreprise gigantesque, qui nécessita des capitaux énormes et une grande ténacité, le canal de Panama est enfin terminé. Quels sont les ouvrages d'art qu'il a nécessité, quel est l'historique de son développement, quelle est enfin son importance mondiale, c'est ce que nous allons essayer de décrire brièvement.

* * *

C'est en 1838 qu'une Compagnie franco-grenadine obtint la concession de la construction d'un canal à travers l'isthme de Panama. A la suite des études faites sur place par M. Garella, un projet de canal à écluses fut élaboré, mais la compagnie concessionnaire devant recevoir des gouvernements des puissances maritimes d'Europe et d'Amérique des subventions proportionnées, l'accord ne put se faire entre les parties, et le projet de M. Garella resta jusqu'en 1879 sans recevoir même un commencement d'exécution.

C'est à cette date que M. de Lesseps, qui venait de s'immortaliser par la percée de l'isthme de Suez, réunit à Paris un Congrès international qui décida la construction d'un canal à niveau entre Colon et Panama. Une société privée, la *Compagnie Universelle du Canal interocéanique*, fut fondée au capital de 300 millions. L'émission d'un milliard d'obligations permit d'entreprendre les travaux, 50 millions de mètres cubes de terrain furent déblayés, mais des difficultés d'exécution imprévues entravèrent les travaux, des scandales politiques achevèrent de ruiner la confiance des actionnaires qui escomptaient en Panama un nouveau Suez, et une émission tentée en 1888 échoua, entraînant la faillite de la Société.

Ce ne fut qu'en 1894 que la *Compagnie Nouvelle du Canal de Panama* put être créée au capital de 60 millions, mais les travaux furent mollement poursuivis et, en 1899, les Etats-Unis rachetèrent l'ensemble des travaux pour la somme dérisoire de 40 millions de dollars. Les Français, qui avaient conçu le projet, apporté leur argent et pour beaucoup aussi leur vie, étaient définitivement éliminés de cette entreprise.

Les Américains avaient d'ailleurs, avant de commencer les travaux, à obtenir l'autorisation de la Colombie, que celle-ci ne leur accorda qu'en 1903, en échange de la reconnaissance et du soutien par les Etats-Unis, de la République indépendante de Colombie. Moyennant une somme de 10 millions de dollars et une redevance annuelle de 250.000 dollars, les Américains se virent accorder la concession demandée et une bande de territoire sur laquelle ils pouvaient construire le canal projeté.

* * *

L'isthme de Panama est constitué en partie par des terrains d'origine volcanique, tufs et laves. Il semble qu'un seuil existant entre les deux continents se soit surélevé par des dépôts successifs ainsi qu'en témoignent les fossiles, huîtres et coraux que l'on rencontre dans les grès sablonneux et les schistes qui forment les couches superficielles du terrain. L'isthme possède une crête montagneuse : la chaîne de la Cordillière ; il comprend une région couverte de lacs et de marécages formés par les cours d'eau qui descendent de la Cordillière vers l'Atlantique dont l'un des plus importants est le Chagres. Ainsi que nous le verrons, le Chagres doit, dans le projet actuel, suffire à alimenter un lac central nécessaire au fonctionnement normal du canal. Malheureusement, malgré vingt-cinq ans d'études, ce fleuve a un régime très variable et encore mal connu. Aussi les mécomptes seront-ils probablement fréquents : c'est ainsi que lors de la rupture du barrage de Gamboa le niveau atteint par le lac a différé de un mètre du niveau prévu.

Les figures 1 et 2 montrent le profil et le plan du canal. Partant de Colon sur l'Atlantique, le trajet emprunte la baie de Limon et, par une série d'écluses, à Gatun permet d'élever les navires de 26 m. 40 jusqu'au niveau d'un lac artificiel alimenté par le Chagres. Il suit ensuite la vallée inondée jusqu'à Matachin, au pied des premiers contreforts de la Cordillière. C'est à cet endroit que le canal franchit la fameuse tranchée de la Culebra. Le canal à cet endroit est creusé pendant 69 kilomètres en pleine terre et nous verrons quelles difficultés il a fallu vaincre sur cette partie du trajet, difficultés qui ont un moment compromis l'exécution même du canal et qui n'ont été surmontées par les Américains que grâce à leur ténacité et à leur outillage perfectionné. Ensuite le canal arrive à Pedro Miguel où se trouvent des écluses qui abaissent de 9 mètres le plan d'eau. Le canal emprunte pendant 2 kilomètres un petit lac au sortir duquel les écluses de Miraflores amènent les navires au niveau du Pacifique. Pendant 12 kilomètres encore un chenal a été creusé de façon à atteindre les fonds marins actuels de 10 mètres au voisinage de l'île Naos ; il est protégé, entre cette île et la pointe de Balboa, par un brise-lames, contre l'ensablement que pourraient provoquer les courants d'est. La longueur totale du canal est de 81 kilomètres.

Aux difficultés matérielles à vaincre pour creuser un tel canal à travers une région montagneuse et marécageuse, sont venues s'ajouter les difficultés naturelles tenant au climat. La végétation dans cette région est extrêmement vivace ; les parties momentanément délaissées se couvrent au bout de quelques mois d'une végétation exubérante et c'est un nouveau et pénible défrichement qu'il faut entreprendre pour continuer les travaux. Tous ceux qui ont visité les anciens chantiers du canal français ont été frappés par l'envahissement de la végétation : ce sont des locomotives perdues dans la forêt, échouées au milieu des herbes, submergées, enlisées ; ici une grue est complètement invisible, sous l'épaisseur des lianes qui l'enserrent ; là c'est un banian qui a poussé sous un wagon et l'a emprisonné de son bois et de son écorce.

La végétation n'est pas la seule ennemie de l'homme dans cette région inhospitalière que l'on a pu justement surnommer le *tombeau des blancs* : les moustiques por-

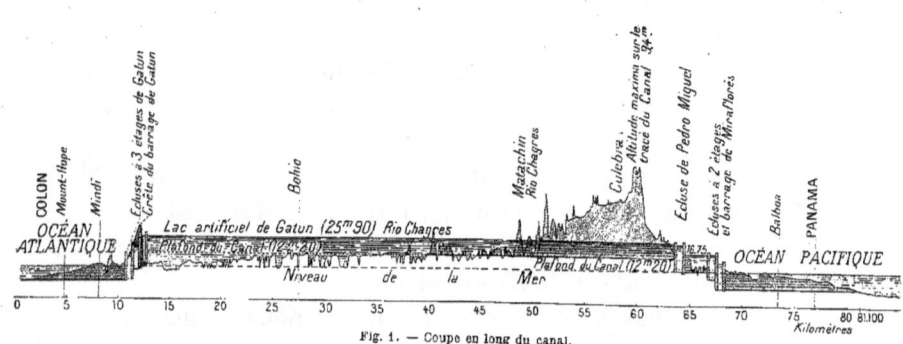

Fig. 1. — Coupe en long du canal.

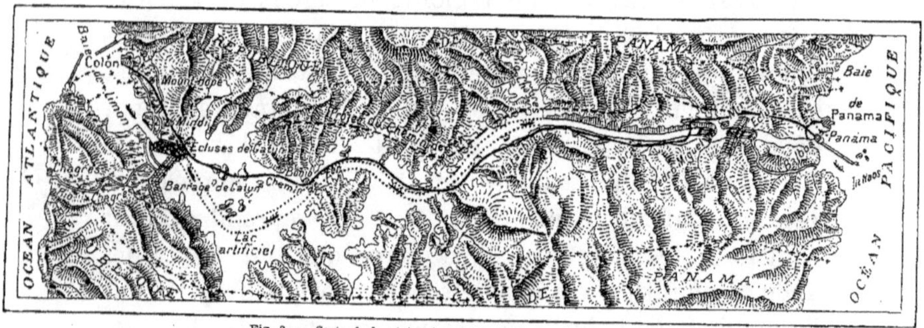

Fig. 2. — Carte de la région traversée par le Canal de Panama.

teurs de germes mortels y pullulaient il y a seulement vingt ans et provoquaient dans les rangs des travailleurs des épidémies qui forçaient pendant de longs mois à interrompre tout travail.

Les Américains n'ont pas reculé devant toutes ces difficultés accumulées et ils ont droit d'être fiers de l'œuvre qu'ils ont accomplie.

* * *

La bande de territoire que les États-Unis ont acheté à la République de Panama a 16 kilomètres de large et englobe les villes de Panama et de Colon. Les travaux du canal ont donné à ces villes une activité et une prospérité inespérées, mais les Américains, chez eux dans la zone qui leur appartient, y ont créé une ville neuve à Ancône ; comme le port de Panama est à 7 kilomètres du débouché du canal, ils ont construit à Balboa un autre port répondant mieux à leurs besoins. Enfin, au mépris d'ailleurs du traité Hay-Pauncefote, du 5 février 1900, entre les Etats-Unis et l'Angleterre, ils ont acquis et fortifié au large de Panama deux îles qui défendent le canal du côté du Pacifique contre les Japonais.

Un chemin de fer réunit Panama et Colon. Construit par les Américains, il fut vendu par eux aux Français au début de l'entreprise du canal et racheté en même temps que l'ensemble des travaux. La construction de cette voie ferrée fut la première difficulté rencontrée ; la fièvre jaune, le choléra, le suicide décimèrent les équipes d'ouvriers, et on peut dire sans trop d'exagération qu'il y a un cadavre sous chaque traverse. La voie, dont on modifie sans cesse le tracé, franchit deux fois le canal et passe dans la brousse sauvage, rencontrant seulement de distance en distance de pauvres villages habités par les ouvriers du canal.

On voit donc quel était le problème à résoudre : la construction matérielle du canal entraînait la nécessité d'organiser administrativement une étendue de territoire sur laquelle plus de 50.000 individus allaient s'établir, il fallait accomplir une œuvre d'assainissement des plus délicates, pourvoir au logement, à l'entretien, à l'hygiène de tous ceux qui coopéraient à l'entreprise.

L'*Isthmian Canal Company*, qui a assumé cette lourde tâche, est dirigée par des ingénieurs appartenant au génie militaire sous les ordres du colonel Gœthals, à la fois ingénieur en chef et directeur général. Il conduit les travaux comme ingénieur, et a la haute main, comme directeur général, sur l'inspection des comptes, la trésorerie, les approvisionnements, le service de santé, le bureau des statistiques et des publications (un journal spécial, le *Canal Record*, est en effet édité périodiquement par la Compagnie) et les différents services de l'administration civile.

La Compagnie dispose des pouvoirs civils et judiciaires, elle administre plus de 70.000 individus et a sous ses ordres une milice de 10.000 soldats. Les marchandises et les vivres sont reçus en franchise des Etats-Unis et vendues le meilleur marché possible aux ouvriers qui payent leurs achats à l'aide de bons dont le montant est retenu sur leur salaire. Des cantines, des mess et vingt hôtels ont aussi été installés.

Ce n'est pas tout que de nourrir et de loger les employés, il faut aussi les défendre contre les attaques du climat. La fièvre paludéenne et la fièvre jaune causaient parmi les Européens des ravages terribles, la Compagnie a courageusement entrepris la lutte contre ces fléaux tropicaux. Les parties marécageuses ont toutes été drainées et asséchées, des égouts ont été construits dans les agglomérations importantes, un service de voirie bien organisé n'a pas peu contribué à diminuer le nombre des cas de fièvres paludéennes. Quant à la fièvre jaune, il suffit, pour la combattre, de supprimer les moustiques qui sont les agents de contamination. Or, ces moustiques prennent naissance sur les mares et les étangs. La Compagnie assèche toutes les mares, comble les étangs. Lorsque ce programme a été reconnu irréalisable, une couche épaisse de pétrole a été répandue sur la surface des eaux pour empêcher les moustiques d'y déposer leurs œufs. Enfin toutes les ouvertures des maisons d'habitation ont été garnies de grillages, de toiles métalliques et de moustiquaires. Grâce à ces mesures rigoureuses la mortalité dans la zone du canal est tombée de 64 % pendant la période française à 42 % en 1907, et 20 % seulement à partir de 1910. La dépense pour les travaux d'hygiène pendant l'année 1912 s'est élevée à près de 3 millions.

***

Le même esprit méthodique, le même souci d'employer les méthodes les plus récentes, les plus efficaces ont présidé à l'organisation même du travail. Instruits par l'échec de la tentative française, les Américains se sont rendu compte des difficultés à vaincre et, persuadés qu'ils ne seraient victorieux qu'à force de patience et de ténacité, ils ont méthodiquement organisé le travail en se pliant aux conditions particulières qui existaient pour chacun des tronçons.

Les divers ateliers de réparation, dont les plus importants sont à Matachin, Emperador et Pedro-Miguel, sont réunis par le Chemin de fer transocéanique, le matériel flottant est réparé à Colon et à Balboa. Enfin l'électricité employée sur une vaste échelle, tant pour l'éclairage que pour la force motrice, est produite par les stations génératrices de Empire, Miraflorès, Gatun, Las Cascadas et Emperador. On comprendra facilement l'importance de ces stations centrales, dans lesquelles les dynamos génératrices sont mues par la vapeur ou le pétrole de Californie, quand on saura qu'en service normal l'échelle d'écluses de Gatun ne comporte pas moins de 334 moteurs, celle de Pedro-Miguel 206 et celle de Miraflorès 252.

***

Le percement de l'isthme de Panama nécessitait donc, d'après ce que nous venons de dire, les travaux suivants : creuser les biefs maritimes, creuser la tranchée de la Culebra, établir le barrage de Gatun pour créer le lac artificiel qu'alimente le Chagres, enfin construire les écluses de Gatun, Pedro-Miguel et Miraflorès pour compenser les différences de niveau des diverses parties du canal.

Les portions maritimes, bien que de grande envergure — le brise-lames de Toro-Point sur l'Atlantique n'a pas moins de 3 kilomètres de long — n'ont pas soulevé de difficultés spéciales. Il n'en a pas été de même de la tranchée de Culebra.

La tranchée de la Culebra a 7 km. 5, de Bas-Obispo à Pedro-Miguel. Son profil est le suivant : largeur au plafond 91 m. 5, talus de 10 mètres de hauteur pour 1 mètre de base jusqu'à 3 mètres au-dessus du plan d'eau, ensuite une berge de 12 mètres de large que surmontent des banquettes de 4 mètres de largeur étagées de 9 mètres en 9 mètres et séparées par des talus. Le long de la crête, des fossés de drainage conduisent toutes les eaux vers le lac de Gatun.

Ce qui a rendu particulièrement pénible l'exécution de cette partie du canal, ce sont les éboulements qui n'ont cessé de se produire depuis l'ouverture de la tranchée.

En veut-on quelques exemples ?

Au début de 1911, près du village de la Culebra, un éboulement intéressa 2 hectares, entraîna 175.000 mètres cubes de déblais et provoqua la ruine d'une église et de 29 maisons.

A Hodges-Hill, en février 1913, une masse de terres et de roches a glissé de 25 mètres sur une couche rocheuse inclinée vers le canal. Il en résulta une brèche dans le talus de 300 mètres de longueur s'étendant jusqu'à 300 mètres de l'axe du canal.

Il s'est ainsi produit jusqu'ici une trentaine d'éboulements s'étendant environ sur 2.000 mètres de chaque côté de la tranchée et allant parfois jusqu'à intéresser une étendue de terrain de 30 hectares.

Le 1er avril 1912, il restait à enlever environ 8.600.000 mètres cubes de terres. Du 1er avril au 31 décembre, on déblaya 8.000.000 de mètres cubes; ce qui n'empêcha pas qu'à cette dernière époque, par suite de nouveaux éboulements, il restait encore 3.900.000 mètres cubes à extraire.

Or, depuis le début de 1913, de nouveaux éboulements se sont encore produits et celui de février notamment porte à 7.500.000 mètres cubes le volume qui reste à déblayer.

Ainsi, depuis une estimation faite en 1908, il a fallu compter avec une majoration de 28.500.000 mètres cubes sur le déblai prévu.

Des nouvelles alarmantes circulèrent même pendant quelque temps, des fumées et des vapeurs sulfureuses s'échappaient en abondance sur certains points de la tranchée.

L'hypothèse de la rencontre d'un centre volcanique mal éteint, hypothèse plausible dans cette région du globe sans cesse agitée de convulsions sismiques, avait même été envisagée et les Américains se demandaient avec anxiété s'il leur faudrait perdre sans espoir le travail énorme effectué.

Heureusement il n'en était rien : les phénomènes observés étaient dus à l'oxydation de grains de pyrite finement divisée en particules presque microscopiques existant dans les argiles schisteuses de la tranchée. Grâce à cette extrême division et à la température élevée du climat, les grains de pyrite s'oxydaient ; quand la chaleur qui accompagne la réaction était suffisante, les hydrocarbures contenus dans les schistes ligniteux se dégageaient et brûlaient à l'air.

Le phénomène avait son intensité maximum à environ 300 mètres de la Culebra où une masse de déblais d'environ 150 mètres de long sur 6 de large s'échauffait jusqu'à une profondeur de 6 mètres environ.

Les glissements de la Culebra sont dus à des causes multiples : action de l'eau, instabilité des assises rocheuses, présence de failles, amenant la formation de zones de rupture, ces derniers accidents qui disloquent le sous-sol étant les plus graves.

En général, les terres ne déboulent pas simplement dans la tranchée : sous l'action de la pression du talus avoisinant, le sous-sol est refoulé, tend à remonter dans la fouille dont le fond se trouve soulevé et disloqué, puis l'éboulis se produit.

Aucun dispositif n'est capable d'arrêter ces énormes descentes de terres : les barrages en béton ancré par de vieux rails, les projections de mortier au moyen d'air comprimé n'ont pas donné de résultats. Il n'y a qu'à laisser faire la nature, laisser descendre ce qui ne peut se maintenir, déblayer jusqu'à ce que la stabilité soit enfin atteinte et étêter le talus, dont la hauteur atteint parfois 160 mètres, de façon à diminuer la pression sur les couches inférieures. De la sorte, on peut espérer n'avoir pas trop de mécomptes dans l'avenir, quoique la désagrégation et l'affouillement des berges par l'eau pénétrant dans les fentes des roches constitue un redoutable danger contre lequel il faudra encore lutter.

On s'est servi, pour réaliser cet ouvrage, d'énormes excavateurs à cuiller et à griffes capables d'enlever 8 tonnes de terre d'un seul coup et de déblayer 3.500 mètres cubes par journée de travail de 8 heures. Plusieurs fois les éboulements ont recouvert les excavateurs, qu'il fallait ensuite de longs jours pour dégager.

Dans bien des cas il a fallu désagréger les roches avant de pouvoir les charger sur les wagons et la consommation de dynamite à la Culebra atteignait 250 tonnes par mois.

* * *

Les quelque 300 millions de mètres cubes de terre

qu'il a fallu retirer de l'excavation ne sont encore rien vis-à-vis des 6.000 mètres cubes d'eau à la seconde qu'il est nécessaire d'amener à la tranchée centrale pour en maintenir le niveau constant tout en permettant les éclusées.

Nous avons vu que la vallée du Chagres est inondée et son plan d'eau élevé à 25 m. 9 au-dessus du niveau de la mer. De nombreux villages et petites villes ont été ainsi submergées et la superficie recouverte par les eaux atteint 425 kilomètres carrés.

Ce résultat a été obtenu en créant à Gatun un barrage gigantesque qui constitue le plus gros bloc monolithe du monde. Il a 2.340 mètres de long, sa crête est à 35 mètres de hauteur, et sa plus grande épaisseur à la base est de 800 mètres, ce qui le place bien avant le célèbre barrage d'Assouan qui retient les eaux du Nil. La masse totale de matériaux équivaut aux deux tiers de celle de la grande pyramide de Gizeh qui reste donc encore le plus grand monument élevé par les mains des hommes.

Le barrage est percé sur 120 mètres de longueur par un déversoir muni de 14 vannes qui permettent de livrer passage aux crues du Chagres. Chaque vanne a 14 m. 12 de largeur et 5 m. 80 de hauteur, pèse 42 tonnes et est capable de laisser s'écouler 4.000 mètres cubes d'eau par seconde. Ces vannes s'appuient sur des chemins de roulement par l'intermédiaire de galets ; elles sont suspendues par des chaînes qui passent sur des poulies et sont reliées à des contrepoids équilibrant exactement le poids de chaque porte. La manœuvre se fait électriquement.

La construction de cet ouvrage formidable, qui repose sur la roche argileuse constituant le sous-sol de l'isthme, a été faite par la méthode hydraulique, c'est-à-dire qu'on a élevé sur cette roche deux talus entre lesquels des dragues déversaient des produits argileux ; l'eau s'écoulait entre les talus abandonnant dans leurs interstices la terre et les pierres. Quand un

Fig. 3. — La construction du déversoir de Gatun.

Fig. 4. — La construction des écluses de Gatun.

remblai suffisant fut constitué, la construction même du barrage put être entreprise, mais ce ne fut encore pas sans de nombreuses difficultés : des glissements se sont fréquemment produits ; l'un des plus importants eut lieu le 25 janvier et retarda de deux mois l'achèvement de la digue.

Un tel travail a nécessité une organisation particulièrement soignée pour le transport et la préparation des matériaux employés. Un chantier monstre fut à cet effet établi sur le côté est des écluses. Il renfermait un approvisionnement de 76.000 mètres cubes de sable, 150.000 mètres cubes de roches broyées et 100.000 barils de ciment. Ces matériaux arrivaient par barque et étaient manutentionnés à l'aide de trois convoyeurs aériens de 250 mètres de portée. Une fois préparés les matériaux étaient dirigés vers le chantier par des chemins de fer électriques circulant dans des tunnels longeant les piliers du barrage. Des broyeurs, des malaxeurs, des transporteurs aériens les saisissaient et les déversaient aux points désignés.

Ajoutons à titre documentaire que les prix de revient des travaux dans les différentes parties du canal ont été les suivants :

Pour le déblai, le mètre cube est revenu à 3 fr. 33 dans la région centrale, à 3 fr. 89 dans la région de l'Atlantique et à 5 fr. 05 dans celle du Pacifique.

Quant aux prix même des constructions, ils sont les suivants :

	Prix du mètre cube de maçonnerie	Main-d'œuvre par mètre cube de béton
Ecluses de Gatun	55f75	9f05
Déversoir de Gatun	46f45	10f59
Ecluses de Pedro-Miguel	42f30	9f64
Ecluses de Miraflorès	31f20	5f49

Quant aux vannes, leur construction a commencé le 21 juin 1910 et leur fonctionnement est parfait puis-

Fig. 5. — Le déversoir des écluses de Gatun.

Fig. 6. — Une des portes des écluses de Gatun.

qu'aux essais, deux vannes chargées sous 24 m. 10 d'eau ne perdaient que 51,6 litres par seconde.

Ainsi, retenues du côté de l'Océan Atlantique par le vaste barrage en demi-cercle de Gatun, les eaux centrales du canal doivent aussi être retenues du côté du Pacifique et, à cet effet, un second barrage a été établi à Pedro-Miguel, mais il est beaucoup moins important que celui de Gatun. Sa longueur est de 131 mètres et il comporte 8 vannes analogues à celles du barrage de Gatun.

* * *

Pour accéder à ce lac intermédiaire, les navires venant de l'Atlantique seront élevés à l'altitude de 25 m. 9 par les trois étages d'écluses de Gatun, la descente sur le Pacifique se fera au moyen des écluses de Pedro-Miguel et de Miraflorès distantes de deux kilomètres et séparées par un bief de 150 mètres de large dont le plan d'eau est seulement à 16 m. 75 au-dessus du niveau de la mer.

Les écluses de Gatun comprennent trois étages d'écluses jumelées comportant 20 portes (fig. 7).

Le nombre total des portes du canal est de 46. On peut, suivant la dimension des navires à écluser, utiliser la longueur totale ou seulement une partie de chacun des sas grâce à l'existence des portes intermédiaires.

La description des multiples appareils de manœuvre que comportent des écluses aussi vastes, des précautions prises en cas de rupture de l'une des portes, nécessiterait un trop long développement qui sortirait du cadre volontairement restreint de cette étude. Signalons seulement une particularité intéressante : l'existence de chaînes de garde destinées à empêcher un navire entrant dans un des biefs avec une trop grande vitesse de heurter et d'endommager les portes.

Celles-ci sont manœuvrées par une roue d'acier pesant 16.000 kilogrammes et ayant 5 m. 75 de diamètre. L'ouverture a lieu en deux minutes, malgré le poids énorme

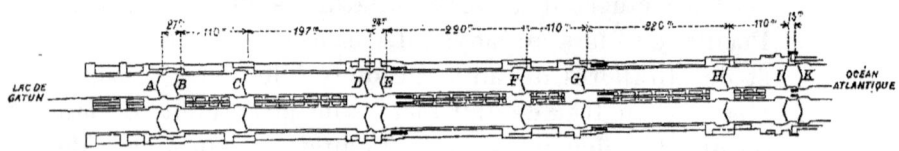

Fig. 7. — Schéma des écluses de Gatun.

A Porte de garde ;
B — amont du sas supérieur ;
C — intermédiaire ;
D — de garde ;
E — séparant le sas supérieur du sas intermédiaire ;

F Porte du sas intermédiaire ;
G — séparant le sas intermédiaire du sas inférieur ;
H — intermédiaire ;
I — aval du sas inférieur ;
K — de garde busquée en sens inverse des neuf autres.

Fig. 8. — La construction des écluses de Gatun.

Fig. 9. — Vue générale des écluses de Gatun.

Fig. 10. — Vue du sas central des écluses de Gatun.

Fig. 11. — Une écluse en construction.

à mouvoir qui oscille entre 390 et 730 tonnes. Le dispositif de garde comprend 24 chaînes pesant chacune 12.000 kilogrammes et se tendant automatiquement en travers du canal en cas de danger. D'après les expériences faites, un navire de 10.000 tonnes marchant à 4 nœuds avance de 22 m. 10 seulement après avoir touché les chaînes qui se déroulent graduellement quand l'effort qu'elles supportent dépasse 100 tonnes. Le prix total de l'installation et des appareils de manœuvre est de 2 millions environ.

Pour plus de sécurité encore, ce seront les agents du canal qui conduiront dans la traversée de l'isthme les vaisseaux remorqués par 40 locomotives de halage.

* * *

Le canal sera largement éclairé à la lumière électrique et balisé par de nombreuses bouées, feux de direction et 91 phares. Une station de télégraphie sans fil de 100 kilowatts est déjà établie à Caimotto baptisée officiellement Darien Station. L'antenne à nappe est supportée par trois mâts de 182 mètres de hauteur et le rayon d'action de la station est de 4.800 kilomètres environ, c'est-à-dire qu'on espère communiquer directement avec San-Francisco. Quant aux stations actuelles de Colon et de Balboa, elles subsisteront et serviront aux besoins du canal et des vaisseaux y arrivant. Les émissions radiotélégraphiques se font toutes par l'arc chantant de Poulsen.

Des docks, des cales sèches munies des derniers perfectionnements, un port créé de toutes pièces complètent cette installation colossale dans laquelle tout a été prévu... hors l'imprévu qui échappe à toute analyse humaine et qui malheureusement a déjà bien souvent entravé et même compromis l'exécution du canal pour lequel des sommes énormes ont été dépensées et dont l'entretien coûtera, d'après les estimations, au moins 30 millions de dollars par an.

Les ressources du budget des États-Unis permettaient seules de fournir un pareil effort financier. La tranchée centrale revient à 402 millions de francs, le barrage de Gatun coûte 67 millions, les écluses 129 millions. L'ensemble du percement de l'isthme atteint 1 milliard 800 millions de francs pour la seule part des Américains. A ce chiffre il faut ajouter d'ailleurs les 70 millions employés aux fortifications. On voit donc qu'après avoir coûté aux Français 1,5 milliard, le canal de Panama a demandé aux États-Unis un effort de 2 milliards.

*
* *

La percée de l'isthme justifiait-elle une telle dépense ? C'est ce qu'il est difficile de dire dès à présent. Il semble bien pourtant que jamais l'exploitation purement commerciale ne pourra fournir aucun bénéfice ni amener de révolution dans le trafic mondial.

Le canal de Panama percé, c'est une route nouvelle tracée autour du globe : route circulaire, dont les échelles — Panama-Gibraltar-Suez-Singapour-Panama — encercleront notre planète. Mais certains parcours ne seront pas modifiés par l'ouverture du canal. De Plymouth à Singapour par exemple, on aura toujours avantage à passer par Suez plutôt que par Panama.

En revanche, pour les deux Amériques, le changement sera d'une ampleur impossible à limiter. Les deux faces du continent américain, si différentes l'une de l'autre, vont se trouver réunies par une voie nouvelle, plus économique que les chemins de fer. Pour les Etats-Unis en particulier, ce sera une communication supplémentaire entre l'est industriel et manufacturier d'une part, l'ouest agricole et minier d'autre part.

Politiquement le gouvernement de l'Union trouve dans la jonction des deux océans la plus précieuse des garanties. La barrière que dressait l'isthme exigeait en effet la construction de deux flottes : une pour l'Atlantique, une pour le Pacifique, double effort et double dépense, car le pesant déplacement de forces imposé en 1908 aux escadres lors du conflit avec le Japon était plein de difficultés et de périls. Il n'en sera plus de même désormais.

Comment s'étonner dans ces conditions de la méthodique application avec laquelle les États-Unis ont cherché à se rendre maîtres et de la construction, et de la gestion, et de la protection du canal ?

Les comparaisons établies entre Suez et Panama sont, à cet égard, artificielles. Suez est essentiellement une voie internationale, Panama est essentiellement une voie américaine. Il sera de l'intérêt commercial des États-Unis d'assurer à cette voie le trafic le plus intense, c'est-à-dire le maximum de garanties. Mais il est de leur intérêt politique de s'assurer la maîtrise d'une arme qui, en toutes autres mains que les leurs, deviendrait contre eux meurtrière.

*　*　*

Nous terminerons cette étude en donnant quelques renseignements statistiques sur les autres grands canaux creusés à la surface du globe, qui permettront de se rendre compte de l'ampleur du projet actuellement mené à bonne fin de la percée de l'isthme de Panama.

Canal de Suez. — Le projet primitif comportait un canal de 161 kilomètres de long, 22 mètres de largeur au plafond, et 8 mètres de profondeur. Des gares de 15 mètres de large disposées tous les 10 kilomètres assuraient le croisement des bateaux allant en sens inverse. Ce canal, sans écluses, ni portes, devait coûter 200 millions. La dépense réelle a dépassé 400 millions, ce qui fait ressortir le kilomètre à 2.500.000 francs.

Depuis, par suite de l'augmentation du tonnage des bateaux trafiquants, il a fallu approfondir le canal à 9 m. 5, et on prévoit bientôt une profondeur de 10 mètres ; par suite aussi de l'intensité du trafic, les gares de 15 mètres de large et de 750 mètres de long ont dû être multipliées : il y en a une tous les 5 kilomètres. Ces modifications successives portent le prix du kilomètre à 3.700.000 francs.

Malgré ces transformations, les croisements en marche sont impossibles : un bateau de tonnage moyen est forcé de s'arrêter et de s'amarrer très court sur la rive à des pieux placés à cet effet tous les 63 mètres.

Canal de Corinthe. — Malgré ses dimensions relativement petites puisque sa longueur n'est que de 6 kilomètres, sa largeur de 21 mètres au plafond, et sa profondeur de 8 mètres, ce canal a coûté cher, puisque le kilomètre revient à près de 10 millions. Ajoutons qu'une ligne de chemin de fer le traverse à une hauteur de 44 mètres. Par suite des courants assez intenses qui le parcourent, la navigation y est difficile et la flotte qui le fréquente restreinte, aussi son trafic annuel ne dépasse-t-il guère 450.000 tonneaux.

Canal de Kiel. — Ce canal, dont la longueur atteint 99 kilomètres, a une largeur de 22 mètres, une profondeur de 9 mètres et est coupé par huit gares de 500 mètres chacune. Deux écluses sont disposées à chacune de ses extrémités et il est traversé par deux lignes de chemin de fer sur des viaducs de plus de 40 mètres de haut et quatre ponts tournants. Par suite de ces travaux d'arts, le kilomètre de canal revient à 4.750.000 francs.

Canal de Manchester. — Le canal de Manchester, dont le développement est de 57 kilomètres, rattrape, grâce à cinq écluses doubles, une différence de niveau de 17 m. 83. Sa largeur varie de 27 mètres à 52 mètres et sa profondeur atteint 8 m. 5. Le prix de revient, par suite des écluses, est très élevé : il atteint 7 millions le kilomètre.

Canal de la mer du Nord. — Ce canal, de 25 kilomètres de long, relie le port d'Amsterdam à la mer du Nord ; une écluse rattrape une différence de niveau de 1 m. 6, trois ponts traversent ce canal, dont la profondeur a été portée à 9 m. 10 et qui revient à 4.800.000 francs le kilomètre.

Canal de Gand-Terneuzen. — C'est l'un des plus récents canaux tracés ; une partie de son parcours est belge, une autre est hollandaise. Le développement de ce canal est de 32 km. 820. Onze ponts tournants et huit écluses coupent son parcours ; sa profondeur uniforme est de 8 m. 75 mais sa largeur de 50 mètres au plafond, en Belgique, n'est plus que de 24 mètres dans sa partie hollandaise.

LE TUNNEL DU LŒTSCHBERG

La nouvelle voie vers l'Italie. — Le percement du tunnel. — Les rampes d'accès. — Le mode de traction électrique adopté.

Le 28 juin 1913 a été inauguré le chemin de fer des Alpes Bernoises qui, traversant le massif du Lœtschberg de Spiez à Brigue, met en communication directe Berne et le tunnel du Simplon. Malgré sa faible longueur (75 kilomètres), cette ligne présente une importance économique considérable. En effet, ainsi qu'on s'en rend compte en consultant les cartes (fig. 12 et 13), une grande partie du trafic vers l'Italie qui empruntait le Gothard ou la ligne de Lausanne, va trouver une voie plus courte par Délémont, Berne, Spiez et la ligne du Lœtschberg. L'idée du percement des Alpes Bernoises n'est d'ailleurs pas nouvelle ; elle apparut en même temps que l'idée du percement du Simplon en 1866, mais ce ne fut qu'en 1906 que furent adoptées les propositions du gouvernement et de la commission d'initiative. L'État de Berne participa pour une somme de 17,5 millions d'actions à la construction du chemin de fer ; cette somme fut portée à 21 millions par l'appoint des communes. La dépense totale prévue pour les rampes d'accès et le souterrain s'élevait à 87 millions de francs. Ajoutons qu'en 1915, le raccordement Moutiers-Granges qui raccourcit le trajet entre Delle (frontière

Fig. 12. — La nouvelle ligne de Spiez à Brigue.

Fig. 13. — Les routes du Lœtschberg.

française) et Berne, permettra aux trains de descendre à Bienne par un tunnel de 8.565 mètres, à travers le massif du Weissenstein, par la ligne existant déjà entre cette ville et Soleure, faisant ainsi gagner un temps notable sur le trajet Délémont-Berne.

* * *

La ligne Berne, Lœtschberg, Simplon comporte, comme ouvrage principal, un grand tunnel de faîte dont le point culminant est à la cote 1.243 mètres.

Fig. 14. — Vue d'un affût portant 4 perforatrices et utilisé dans les travaux de Lœtschberg.

Ce tunnel devait primitivement aller en ligne droite, comme tous les tunnels alpins précédemment construits, de Kandersberg à Goppenstein, et sa longueur, entre les portails nord et sud, était fixée à 13.735 mètres. Les travaux de perforation, commencés des deux côtés simultanément dès la fin de 1906, étaient poussés avec la plus grande activité, et le 24 juillet 1908 la galerie nord atteignait déjà le point 2.675 lorsque vers deux heures et demie du matin, à la suite de l'explosion des mines, un fleuve de boue et de galets,

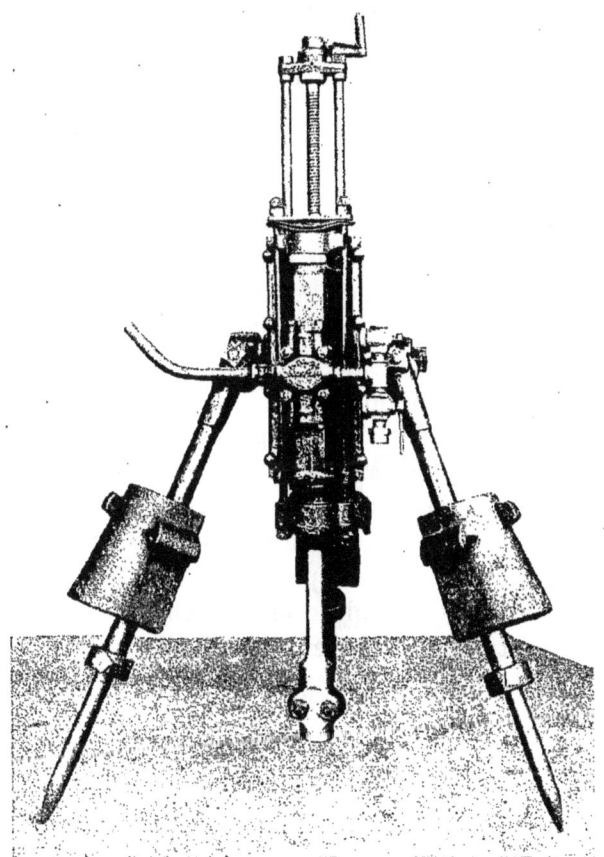

Fig. 15. — Une des perforatrices à air comprimé.

provenant d'un ancien lit de la Kander, au-dessous de laquelle on devait, d'après les géologues les plus autorisés, passer en toute sécurité à la profondeur choisie, envahit le tunnel sur une longueur de 1.500 mètres. En quelques minutes, 7.000 mètres cubes de matériaux bouchèrent 1.600 mètres de galerie, engloutissant 25 ouvriers. Il fallut abandonner à tout jamais la section envahie et modifier le tracé du tunnel à partir du point 1.200. Les travaux furent alors repris suivant une courbe de 1.100 mètres de rayon, déviant sensiblement le trajet à l'est pour éviter la partie basse de la vallée de Gosterein. Par suite de cette circonstance et en raison des prolongements décidés à chaque tête par mesure de sécurité, la longueur totale entre portails est de 14.605 m. 44.

La rencontre des deux galeries s'est produite sensiblement au milieu du tracé le 31 mars 1911 et malgré les difficultés d'exécution résultant d'un tracé sinueux et en pente, l'écartement latéral des axes des deux galeries a été de 25 cm. 7, et l'écart vertical des deux axes de 10 cm. 2 seulement. La perforation a été effectuée au moyen de perforateurs à air comprimé groupés par quatre sur des affûts (fig. 14 et 15). Le nombre des coups de mine était de 12 à 15, parfois 20 par volée. Le travail de perforation, en tenant compte des chômages, représente 1.444 journées, soit un avancement moyen de 11 mètres par jour, chiffre absolument remarquable et qui place le Lœtschberg à la première place des tunnels européens, comme il résulte du tableau comparatif suivant :

Tunnels	Longueur entre portails	Date du percement	Durée totale des travaux	Avancements journaliers arrêts non déduits
	mètres			mètres
Fréjus (Mont-Cenis)	12233,55	26 décembre 1870	13 ans 1 mois	2,60
Gothard	14984,19	29 février 1880	7 ans 5 mois	5,61
Arlberg	10249,88	13 novembre 1883	3 ans 4 mois	8,55
Simplon	19731,80	24 février 1905	6 ans 6 mois	8,48
Taunus	8256,50	21 juillet 1907	6 ans 1 mois	3,90
Lœtschberg	14605,44	31 mars 1911	5 ans 4 mois	9,02

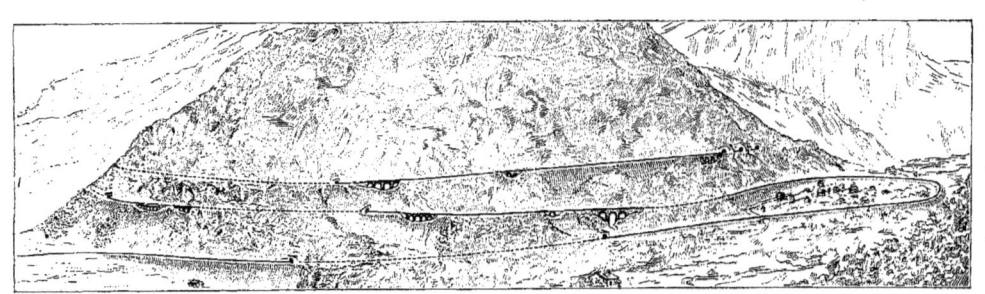

Fig. 16. — Vue de la grande boucle de la rampe nord.

La température maximum a été observée dans la galerie sud au point 5.600 où elle a atteint 33°2. Le maximum de température ne correspond d'ailleurs pas au recouvrement rocheux maximum. Celui-ci (1.550 mètres environ) se trouve au point 6.300 du portail sud et la température des roches à cet endroit était nettement inférieure à 33°.

On comprend que des dispositions spéciales aient dû être prises pour permettre le travail dans les galeries à cette température. On a procédé, en particulier sur les roches échauffées, à des pulvérisations d'eau froide émulsionnée par de l'air comprimé à 7 kilogrammes, dont la détente amenait un refroidissement notable.

**

Indépendamment du tunnel, le chemin de fer du Lœtschberg comporte deux rampes d'accès qui constituent à elles seules un travail d'art des plus remarquables.

La rampe nord va de Frutingen à Kandersteg en suivant la vallée de la Kander ; la distance entre ces deux points est de 12 kilomètres 5 et la différence d'altitude de 420 mètres ce qui correspond à une pente moyenne de 33 °/oo. Comme on ne voulait pas dépasser la pente de 27 °/oo on dut procéder à un développement artificiel de la ligne qui se trouve tout entière construite sur le versant est, formé de terrains détritiques et de débris de moraines s'élevant en terrasses.

La longueur totale de la rampe est de 20 km. 188, la ligne traverse 12 tunnels dont deux de plus de 1 kilomètre et passe sur de nombreux viaducs : 14 ont des ouvertures supérieures à 10 mètres, celui de Rothbach a une seule arche de 28 mètres de portée (fig. 17, 18, 19).

Les voies de service de la rampe nord ont une longueur de 14 km. 190 et sont établies en dehors du trajet de la ligne définitive.

Fig. 17. — Vue de la ligne sur la rampe nord.

Fig. 18. — Viaduc du Baltschieder.

Fig. 19. — Les travaux d'art sur la rampe nord.

Quant à la rampe sud qui va de Goppenstein à Brigue, elle a 25 km. 390 de long. Elle descend l'étroite vallée de la Lonza, se frayant son chemin dans le roc, et l'on a dû, en maints endroits, la protéger contre les avalanches.

Les ouvrages d'art sont nombreux, il y a 21 tunnels dont la longueur totale est de 7074 mètres et 12 viaducs ayant plus de 10 mètres d'ouverture.

* *

Devant être parcourue à la fois par des trains locaux et par des trains internationaux très lourds (300 tonnes et plus), il a été prévu dès le début que la traction s'effectuerait par locomotives électriques alimentées par du courant alternatif monophasé. Toutefois, comme ces conditions nécessitaient l'emploi de locomotives très puissantes, 2.000 chevaux environ, et qu'il n'existait aucun type d'automotrice alternative aussi forte, la Compagnie électrifia le tronçon Spiez-Frutingen et procéda pendant le percement même, à des essais de traction.

Le courant alternatif, au potentiel de 15.000 volts, est capté par des archets pantographiques doubles, appuyant sur un conducteur aérien en cuivre, tendu horizontalement par un fil d'acier en chaînette relié au précédent de distance en distance par de petits pendules et reposant au moyen des isolateurs métalliques sur des consoles ou des poteaux. La puissance des locomotives atteint 2.500 chevaux et elles absorbent jusqu'à 4.000 ampères par archet au démarrage et 3.000 ampères en marche normale. Ces machines remorqueront les convois les plus pesants à une vitesse de 40 kilomètres à l'heure sur les pentes excessivement fortes (20 à 27 millimètres par mètre) des rampes d'accès et à des vitesses de 60 à 65 kilomètres à l'heure dans le tunnel qui sera ainsi traversé en 12 ou 13 minutes.

Non seulement la nouvelle ligne a un intérêt économique de premier ordre, puisqu'elle dévie vers les Chemins de fer de l'Est Français, le trafic d'Angleterre venant d'Ostende, et celui des pays septentrionaux venant d'Anvers, qu'elle raccourcit de plus de 3 heures le trajet Nancy-Milan, mais encore elle traverse une des régions les plus pittoresques de la Suisse et offre au touriste un nouvel élément d'intérêt.

ARCHITECTURE

LE THÉATRE
DES CHAMPS-ÉLYSÉES

Le Théâtre des Champs-Élysées a été inauguré le 2 avril. Il mérite d'être décrit tant par suite des innovations que présentent ses aménagements intérieurs qu'en raison de l'emploi presque exclusif du béton armé pour en constituer l'ossature. C'est le plus moderne de nos théâtres et celui dans lequel on a appliqué tous les perfectionnements qui ont été réalisés depuis quelques années dans la construction des salles de spectacles.

Le monument comprend un grand théâtre prévu pour 2.000 spectateurs surmonté de sa salle de répétition et une scène aménagée avec toutes les ressources du machinisme ; juxtaposée au grand théâtre, une seconde salle de comédie comprenant 600 places également surmontée de sa salle de répétition, enfin une galerie d'exposition de peinture largement éclairée.

* * *

La façade sur l'avenue Montaigne est formée par un pan de béton armé et deux cloisons de briques séparées par un vide. Elle est revêtue d'un marbre blanc, légèrement veiné, provenant d'une carrière de Châtelperron (Allier) qui fut exploitée au Moyen-Age notamment pour la construction de Notre-Dame de Paris. La décoration

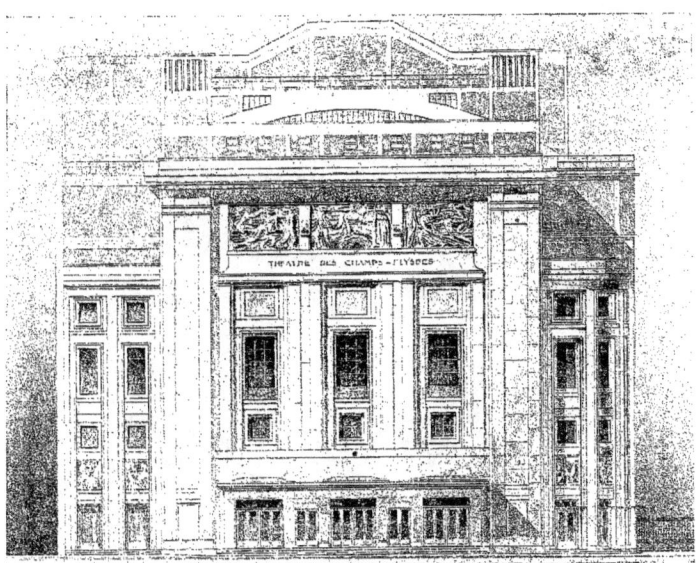

Fig. 20. — Façade du théâtre des Champs-Élysées.

est constituée au sommet par une frise de A. Bourdelle et au-dessus des portes d'entrée par cinq hauts-reliefs allégoriques.

Une marquise en béton armé faisant saillie de trois mètres protège les spectateurs qui accèdent au théâtre par trois grandes portes et un péristyle d'où partent les deux escaliers desservant le premier étage.

* * *

La salle du grand théâtre a 27 m. 50 de diamètre et 22 mètres de hauteur. L'orchestre comprend 500 fauteuils ; derrière eux se trouvent les loges découvertes, les fauteuils et les loges de corbeille.

Fig. 21. — La grande salle de musique.

Les trois étages de balcon sont entièrement en encorbellement et les balustrades, grâce à l'emploi du béton armé, moitié moins hautes que celles des autres théâtres (0 m. 65), sont revêtues de marbre blanc. Les planchers des loges sont en gradins, et l'absence de colonnes permet à tous les spectateurs de bien voir. Il n'y a pas d'avant-scènes ; leur emplacement est occupé par un cadre de marbre orné de bas-reliefs, et par les grandes orgues.

Fig. 22. — La salle des machines.

L'orchestre proprement dit a été installé, comme celui de Bayreuth, en contre-bas sous un proscenium en encorbellement, ce qui fait qu'on peut le recouvrir d'un plancher dans le cas où la salle est utilisée pour un concert symphonique ou une représentation de tragédie. C'est dans cet orchestre que se trouve le clavier de l'orgue de cinquante-deux jeux dont les tuyaux encadrant la scène concourent à la décoration de l'édifice.

Le point capital pour une salle de musique est sa qualité acoustique. Les conditions à remplir sont mal connues et sans doute multiples. Dans le Théâtre des

Fig. 23. — Détail de la frise de Bourdelle.

Champs-Élysées on a cherché à éviter les interférences des sons en employant la forme circulaire ; aucune paroi verticale ne peut créer d'écho gênant, les seules parois verticales faisant face à la scène sont situées en effet au fond des cavités produites par les balcons, celles qui se trouvent directement sous la coupole ont été ajourées et grillées. De plus, la coupole a la forme d'un tore et non d'une calotte sphérique, ce qui évite les échos verticaux. Enfin, pour que l'audition aux premiers rangs d'orchestre se fasse directement et non uniquement par réflexion, la balustrade qui sépare les spectateurs des musiciens est faite d'un treillis de bronze doré au lieu d'être pleine.

* * *

Derrière le rideau lamé d'argent se trouve la scène, autre organe essentiel. Elle possède tous les dessous et services nécessaires, toute la machinerie, tous les magasins de décors et d'accessoires utiles, dont l'un d'eux est même suspendu à la superstructure pour laisser plus de place disponible. La scène est munie de tous les dispositifs de sécurité : rideau de fer, grand secours à manœuvre automatique, escaliers incombustibles. L'emploi du béton armé donne d'ailleurs à tout l'édifice un coefficient de sécurité auquel ne saurait prétendre aucun autre théâtre.

La construction de la scène a présenté de sérieuses difficultés. C'est, en effet, une immense boîte vide de plus de 30 mètres de large, 17 m. 50 de profondeur et d'une hauteur de 37 m. 50. Or, si le mur de rideau est maintenu par l'ossature de la salle, si les murs latéraux sont étrésillonnés par les bâtiments administratifs et des services annexes, si une partie du mur de fond s'appuie sur le bâtiment des artistes, toute la partie droite de ce mur, sur une largeur de 21 mètres et une hauteur de 40 mètres, n'est contre-butée par aucune contre-fiche et aucun plancher intermédiaire. Ce qui

Fig. 24. — Coupe longitudinale du théâtre des Champs-Élysées.

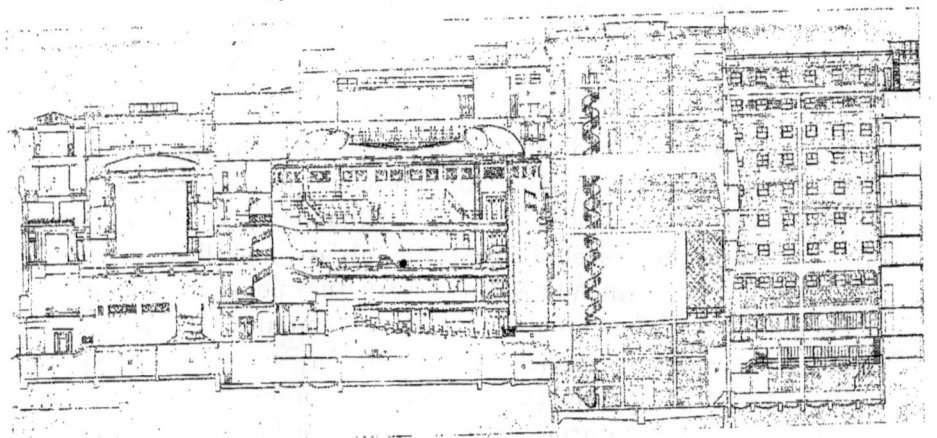

I. *Théâtre de Musique et de Danse* : A. Grande salle de répétitions. — B. Grandes orgues. — C. Orchestre. — D. Salon des dames. — E. Bar. — F. Cave du bar. — G. G. Vestiaires. — H. Salle de répétitions des chœurs. — J. Hall du personnel de service. — L. Vestiaire du personnel de service. — M, M. Dépôts. — N. Magasin de costumes. — G. Circulation du service d'incendie. — P. Dépôt de toiles de fond. — Q. Usine électrique. — R. Loges d'artistes. II. *Théâtre de Comédie et de Galerie d'Art* : S. Salle de répétitions. — T. Foyer du public. — V. Loges d'artistes. — Z. Galeries d'exposition, dites « Galerie Montaigne. »

était à craindre, c'était un fléchissement de cette grande paroi dont l'épaisseur n'est que de 0 m. 45 et qui est formée de poteaux verticaux et d'entretoises horizontales en béton, l'intervalle étant rempli au moyen d'un mur creux composé de deux cloisons de briques séparées par un vide de 0 m. 23. Aussi deux nervures triangulaires viennent-elles la renforcer à la manière des nervures que les ingénieurs ménagent dans les profils de bielles.

Ce mur supporte la couverture de la scène constituée, comme le veut l'ordonnance de police, de matériaux combustibles de façon que dans le cas d'un incendie sur scène, le tirage soit suffisant pour éviter l'invasion des flammes et de la fumée dans la salle.

* *

La petite salle du théâtre de comédie établie au-dessus du péristyle n'a présenté aucune difficulté spéciale de construction. Son plafond est en béton et a 10 mètres de diamètre et 6 centimètres d'épaisseur. Elle supporte la salle de répétition.

La construction n'a pas été si simple pour l'ensemble de l'édifice qui repose sur un terrain glaiseux et une nappe aquifère suivant les dénivellations du niveau de la Seine. C'est ainsi qu'une partie du sous-sol est normalement de 2 mètres en dessous du niveau du fleuve et en temps de crue le niveau de l'eau peut atteindre 8 mètres au-dessus du radier.

Aussi a-t-on constitué l'édifice comme un immense vaisseau dont le fond est un radier général, dont les parois sont les cloisons verticales étanches et dont le pont est formé par le plancher du rez-de-chaussée.

Il a même fallu alourdir l'édifice par des puits et profiler les poutres formant le fond du vaisseau pour contrebalancer la pression de l'eau, laquelle peut être, en cas d'inondation, supérieure au poids total du bâtiment et, sinon le faire flotter, tout au moins causer des désordres sérieux.

* * *

Le chauffage et la ventilation sont assurés par des radiateurs à vapeur et par de l'air chaud puisé au faîte du bâtiment et amené à travers des filtres sur des surfaces chauffées par la vapeur avant d'être distribué par des ouvertures situées au-dessus des baignoires, au-dessous du balcon, et le long de la balustrade séparant les spectateurs de la fosse des musiciens. Le renouvellement de l'air est calculé à raison de 30 mètres cubes par personne et par heure.

Dans tout le théâtre, il n'y a pas une seule lampe visible. Les foyers lumineux sont dissimulés dans des lanterneaux, des coupes de cristal, des caissons entourés de gouttières. Le lustre est remplacé par un bouclier de bronze et de cristal tamisant la lumière des projecteurs électriques tout en faisant ressortir les peintures de la coupole dues à Maurice Denis et représentant l'histoire de la musique, la danse, la symphonie, l'opéra, le drame lyrique. Le théâtre fabrique lui-même son électricité et sa force motrice à l'aide de deux moteurs Diesel actionnant chacun une dynamo de 1.000 ampères sous 110 volts. Une batterie d'accumulateurs sert de volant électrique à l'installation.

Le gros œuvre, béton armé et maçonnerie, dont la conception et l'exécution font le plus grand honneur aux architectes, MM. Perret frères, a été achevé en moins de quinze mois pendant lesquels on a utilisé 5.000 mètres cubes de béton, 800 tonnes d'acier et 2 millions de briques. La construction entière n'a pas demandé deux ans et a été très économique si l'on s'en rapporte au tableau suivant qui donne d'intéressants renseignements sur les grands théâtres européens.

	Surface bâtie	Nombre des spectat.	Dépense totale	Dimensions de la salle	Dimensions de la scène
	m²		fr.	mètres	mètres
Théâtres des Champs-Élysées ..				largeur.... 27,40	largeur.... 30,50
Théâtre de musique........		1.974		profondeur 27,40	profondeur 17,50
				hauteur... 20,40	hauteur... 37,50
	3.000		4.700.000		
				largeur.... 13,00	largeur.... 12,50
Théâtre de comédie.........		583		profondeur 14,00	profondeur 9,00
				hauteur... 11,00	hauteur... 14,00
				largeur.... 30,00	largeur.... 25,50
Scala de Milan	4.000	3.000	—	profondeur 24,85	profondeur 24,00
				hauteur... 20,00	hauteur... 24,50
				largeur.... 22,00	largeur.... 53,00
Opéra de Paris.............	11.235	2.156	35.000.000	profondeur 28,00	profondeur 26,00
				hauteur... 20,00	hauteur... 55,00
				largeur.... 29,00	largeur.... 29,00
Opéra de Vienne.............	9.000	3.000	12.000.000	profondeur 30,00	profondeur 25,00
				hauteur... 19,00	hauteur... 39,00
				largeur.... 21,00	largeur.... 30,00
Hoftheater de Dresde.........	5.200	2.000	5.080.000	profondeur 25,00	profondeur 22,00
				hauteur... 19,00	hauteur... 35,00

CHIMIE INDUSTRIELLE

LA FIXATION INDUSTRIELLE DE L'AZOTE

Importance du problème. — Principe des procédés de fixation. — Le procédé Haüser. — Azote nitrique et azote ammoniacal. — La fabrication synthétique de l'ammoniaque par le procédé Haber. — La cyanamide. — Les azotures et le procédé Serpek. — De l'ammoniaque à l'acide azotique. — Le rôle des catalyseurs. — Le nitrate du Chili et l'avenir de la préparation synthétique.

La chimie de l'azote a pris dans ces dernières années un essor considérable. Ce corps, qui semblait par excellence le type des éléments inertes, s'est révélé apte à entrer en réaction avec une foule de produits, dans des conditions particulières il est vrai, et chimistes et industriels travaillent activement à la préparation de ces corps dont l'avenir industriel est certain.

Il y a, en effet, une *question de l'azote* et, avant de décrire les derniers résultats obtenus, il est nécessaire de l'exposer en quelques mots.

* * *

Dès la fin du xviiie siècle, l'attention des chimistes fut attirée sur la nécessité de préparer industriellement l'azotate de potassium employé dans la fabrication de la poudre de guerre. On ne connaissait en effet à cette époque que le salpêtre, qui se forme spontanément à la surface du sol dans certaines régions de l'Inde et de l'Egypte, et les azotates de calcium et de magnésium qui se forment lentement sur les murs des étables par suite d'une fermentation de l'urine et de l'action des produits résultant sur les matériaux de construction. Les chimistes de 1789 résolurent le problème par la création des nitrières ou salpêtrières artificielles, constituées par des amas de matériaux de démolition qu'on arrosait d'urine. Cette solution était précaire et le rendement très inégal par suite de l'ignorance des conditions de la fermentation.

Dans la première partie du xixe siècle, le développement de l'industrie du gaz créa une nouvelle source de produits azotés. Mais c'étaient des composés ammoniacaux qui ne pouvaient être utilisés pour la fabrication des azotates et de l'acide azotique que réclamaient la guerre et l'industrie chimique.

Aux environs de 1850, la découverte des gisements d'azotate de sodium du Chili et du Pérou permit de croire que le problème posé aux chimistes de la Révolution n'avait plus de raison d'être et que pendant plusieurs siècles la production suffirait à la consommation. Cette découverte à peine faite, on trouva une nouvelle utilisation des azotates naturels : la fabrication d'engrais artificiels pour l'agriculture. L'extraction du salpêtre du Chili et du Pérou s'accrut rapidement ; de 150.000 tonnes en 1870 elle passait à 1.500.000

tonnes en 1905. On ne peut se dissimuler que la consommation des azotates ne fera que croître ; l'industrie chimique, qui consomme actuellement le 1/5 du salpêtre exporté du Pérou et du Chili, en exigera une quantité de plus en plus grande et l'agriculture ne peut se contenter de l'azote ammoniacal car il est démontré que, pour certains sols et certaines cultures, l'azote nitrique est indispensable.

Or, pour des raisons développées en 1895 par un économiste anglais, sir Davis Wood, puis reprises dans un discours à l'Association Britannique pour l'avancement des sciences par sir William Crookes en 1898, la quantité d'azote exigée par l'agriculture semble devoir croître dans de grandes proportions et, à bref délai, c'est une question de vie ou de mort pour la race blanche, pour les *mangeurs de pain*. Il résulte, en effet, des statistiques de Wood, qu'en 1870, sur une population mondiale de 1.525 millions, les mangeurs de pain étaient au nombre de 359 millions et qu'en 1895 ils atteignaient 510 millions, soit une augmentation de 37 %. Pendant cette même période, l'étendue des terrains consacrés aux cultures vivrières n'a augmenté que de 20,4 % et il est fort probable qu'avant trente ans toutes les terres du globe où l'on peut faire du blé seront utilisées pour cette culture. La surface cultivable ne pouvant être augmentée, il faut donc accroître son rendement à l'hectare. Or, rien qu'en France les récoltes annuelles, d'après M. Grandeau, renferment 600.000 tonnes d'azote. Le fumier, en admettant son utilisation complète, ne fournit que 327.000 tonnes. Le déficit, 273.000 tonnes, n'est qu'en faible partie compensé par une consommation de 230.000 tonnes de salpêtre du Chili apportant 31.200 tonnes d'azote, et il ne semble pas que l'azote fourni par les engrais chimiques ammoniacaux ou pris directement à l'air par les plantes puisse combler le déficit. Le sol s'appauvrit donc précisément au moment où il est indispensable d'augmenter son rendement ; on conçoit dès lors l'énorme quantité d'engrais chimiques qu'il faudra employer pour obtenir de forts rendements sans pour cela épuiser complètement le sol.

En signalant le danger, sir William Crookes indiquait le remède : réalisation industrielle de la combinaison de l'azote et de l'oxygène de l'air sous l'action de l'étincelle ou de l'arc électrique, combinaison dont la possibilité fut démontrée il y a plus de cent ans, par l'expérience classique de Cavendish.

En multipliant la surface de la terre en centimètres carrés par la pression barométrique en kilogrammes, on obtient la quantité d'air qui entoure la terre et comme sa composition est très bien connue, on calcule facilement le poids d'azote existant. Il peut être évalué à environ 80.000 tonnes par hectare.

A la suite de la communication de sir W. Crookes, le problème entra dans la phase industrielle. En 1902, l'Atmospheric Products C° installa à Niagara Falls une usine d'essais pour la fabrication de l'acide azotique par les procédés Bradley et Lovejoy ; la même année, M. de Kowalsky commença à Fribourg des recherches qui, continuées par M. Moscisky, conduisirent à l'installation d'une usine d'essais à Vevey en Suisse ; en 1903, le professeur Birkeland, de Christiania, trouva un nouveau procédé lequel, à la suite de perfectionnements dus à MM. Birkeland et Eyde, est aujourd'hui appliqué sur une grande échelle en Norvège ; en 1903 également, MM. Frank et Caro firent connaître un procédé basé sur la production de la cyanamide calcique. Enfin, plus récemment encore, M. Paulig et la Badische Anilin- und Soda-Fabrik ont fait breveter de nouveaux procédés ([1]).

*
* *

Le Dr Haüser a récemment mis au point un procédé qui consiste à utiliser la chaleur dégagée par l'explosion

---

([1]) Pour l'étude complète de ces procédés, voir *Électrochimie-Électrométallurgie* par H. VIGNERON. Geisler, éditeur.

d'un mélange gazeux pour amener la combinaison de l'azote et de l'oxygène. De plus, au moment même de l'explosion, il produit dans l'appareil un nuage de vapeur d'eau qui absorbe les produits de la combustion avant qu'ils aient eu le temps de se décomposer. La chambre d'explosion employée dans les expériences était une bombe d'acier dans laquelle on introduisait le mélange d'air et de gaz d'éclairage. Un poids d'une dizaine de kilogrammes, en tombant d'une hauteur de trois mètres environ sur le piston d'une pompe à eau, envoyait dans la bombe un violent jet d'eau qui se pulvérisait sur la paroi opposée. En même temps le poids fermait un circuit électrique provoquant l'étincelle d'allumage. La valeur initiale de la pression dans l'appareil était de 3 kilogrammes par centimètre carré ; elle n'a jamais, dans les expériences, dépassé 25 atmosphères et la température maximum fut de 200° environ.

Les essais industriels qui ont conduit à la construction d'une usine ont été faits à l'aide d'une bombe de 100 litres de capacité. On ne produisait pas de pulvérisation d'eau intérieure, mais les produits de la réaction étaient immédiatement entraînés par un courant d'air. La compression initiale des gaz (vers 4 atmosphères), leur chauffage préalable (vers 410°) et l'addition d'oxygène au mélange explosif augmentent considérablement le rendement.

L'usine construite par le Dr Haüser à Hansem (Westphalie) utilise comme matière combustible les gaz de fours à coke. Le rendement en acide nitrique est voisin de 170 grammes d'acide par mètre cube de gaz épuré en ajoutant le tiers du volume en oxygène. Si l'on compare ce rendement avec celui du procédé Birkeland, on trouve qu'à énergie égale, l'énergie électrique donne à Nottoden, 300 grammes d'acide, tandis que l'énergie calorifique du gaz n'en produit que 170, mais est par contre infiniment moins coûteuse. D'après un calcul de M. Haüser, l'Allemagne produirait à l'heure actuelle, 240 millions de mètres cubes de gaz de fours à coke susceptibles de donner 40.000 tonnes d'acide azotique, ou 60.000 tonnes de nitrate de chaux.

Le rendement du procédé serait meilleur avec les gaz naturels des États-Unis dont le pouvoir calorifique est très supérieur à celui des gaz de fours à coke.

* * *

On sait que l'azote nécessaire aux cultures doit être fourni à la terre sous deux formes différentes et également importantes : la forme nitrique et la forme ammoniacale. Or, si les procédés que nous venons de rappeler et de décrire permettent d'envisager l'avenir sans crainte, il n'en est pas de même pour l'ammoniaque dont la consommation a passé de 200.000 tonnes en 1890 à 1.112.000 tonnes en 1910. Les recherches de préparation synthétique ont été poursuivies dans deux voies nettement différentes : soit dans le but d'obtenir la synthèse directe en faisant réagir, en présence d'un catalyseur, l'azote de l'air sur l'hydrogène fourni par la décomposition de la vapeur d'eau, soit en vue d'une combinaison de l'azote avec un métal, combinaison qui, ensuite, est détruite chimiquement avec formation d'ammoniaque.

* * *

Il ne semble pas que, sans de grands perfectionnements, la fixation directe de l'hydrogène sur l'azote puisse devenir industrielle, ces deux corps ayant trop peu d'affinités l'un pour l'autre. Cependant von Haber et Rossignol, en opérant à 550° sous une pression de 150 atmosphères en présence d'un catalyseur : l'osmium au début, puis l'uranium et maintenant le fer, sont arrivés à préparer 90 grammes d'ammoniaque liquide par heure.

Les difficultés pratiques à vaincre sont considérables :

d'abord réaliser un appareil rigoureusement étanche, l'introduction d'air pouvant amener une explosion, et dans lequel des gaz chauffés à 600° dans une partie soient refroidis à — 30° dans une autre sans qu'il y ait une perte trop grande de chaleur par convection ; ensuite trouver une matière inattaquable par l'azote et l'hydrogène à haute température et pouvant supporter sans se déformer des pressions élevées ; enfin trouver un catalyseur bon marché.

D'après les résultats les plus récents, le catalyseur employé est le fer, la pression du mélange gazeux a pu être diminuée et à l'heure actuelle les appareils doivent travailler aux environs de 50 atmosphères. Une usine est installée à Oppau près de Ludwigshafen ; la dépense d'installation est d'environ 1.000 francs par tonne de sulfate produit annuellement.

*
* *

On obtient de meilleurs résultats en partant des composés chimiques, tels que la cyanamide, les cyanures, les azotures, que l'on décompose ensuite par l'eau. On sait que l'azote réagit sur le carbure de calcium au rouge pour donner de la cyanamide qui se décompose sous l'action de l'eau, surtout si l'on fait agir simultanément la pression et la température (180° environ). On retire l'ammoniaque au fur et à mesure de sa libération pour éviter que la pression ne devienne trop forte dans l'autoclave ; un perfectionnement notable consiste à associer à l'appareil un déflagrateur qui empêche l'entraînement de l'eau.

La cyanamide est aussi employée sous forme d'engrais mais a donné en Europe des résultats assez variables dans les divers pays par suite des difficultés d'épandage. Aux Etats-Unis, elle a fort bien réussi parce que les Américains ont l'habitude d'employer des engrais composés et qu'en mélange elle ne présente pas les mêmes inconvénients. Quoi qu'il en soit, les usines de Niagara

Falls, qui produisent actuellement 24.000 tonnes, sont en voie de transformation pour une production de 200.000 tonnes d'ici quelques années. En tout cas, la production mondiale ne dépasse guère à l'heure actuelle 1 million de tonnes.

* * *

Tous les essais pour préparer des azotures au four électrique n'ont au début abouti qu'à des carbures. L'azoture de calcium, en effet, ne peut s'obtenir qu'à partir du calcium métallique, celui de magnésium ne prend naissance que par un chauffage modéré du magnésium en poudre dans une atmosphère d'azote. C'est encore l'aluminium, ce métal si déconcertant, qui a fourni une solution du problème.

Le Dr Serpek a en effet démontré que si l'on chauffe à 1.800° un mélange d'aluminium et de charbon dans un courant d'azote, ce dernier s'unit à l'aluminium pour former un azoture stable tandis que le carbone et l'oxygène donnent de l'oxyde de carbone. Voilà de quoi stupéfier les chimistes qui connaissent l'aluminium, la grande chaleur de formation de son oxyde et, par suite, ses propriétés réductrices si intenses.

On mélange dans un creuset 10 parties de noir de fumée et 90 parties de poudre d'aluminium et on chauffe l'ensemble au chalumeau jusqu'à ce que le fond du creuset rougisse. A ce moment on supprime le chauffage et on soulève le couvercle. Au contact de l'air toute la masse devient incandescente et il se forme un azoture. L'opération est industrielle et se fait dans des fours tournants analogues à ceux employés dans les cimenteries et chauffés électriquement. Les fours en construction auront 70 mètres de long et 2 m. 50 de diamètre. Ils accompliront trois quarts de révolution par minute. Le manteau extérieur sera en tôle de fer revêtue intérieurement de briques réfractaires recouvertes d'azoture aggloméré. C'est dans ce revêtement que seront logées les résistances de chauffage. Chaque four absorbera environ 8.000 kilowatts et on compte que 12 kilowatts suffiront à fixer 1 kilogramme d'azote. Le prix de revient est estimé à 0 fr. 24 tandis que le prix marchand est de 1 fr. 40 environ.

Une des caractéristiques du procédé Serpek est de permettre, à partir de la bauxite, de préparer l'alumine pure (par l'action de lessives alcalines) en obtenant en même temps l'ammoniaque. C'est en effet un gros avantage pour la préparation de l'aluminium qui se traduira par une baisse de prix du métal. En outre, le traitement de l'azoture, par rapport à celui de la bauxite, est considérablement simplifié. D'après le Dr Serpek, la transformation de la bauxite en alumine pure coûte 125 fr. 25 par tonne d'alumine pure, celle du nitrure en alumine ne dépasse pas 63 fr. 80.

Ajoutons enfin que l'azoture d'aluminium est une matière réfractaire remarquable, susceptible de rendre de grands services comme revêtement de fours.

* * *

Il est possible de passer de l'acide azotique à l'ammoniaque par l'action de certains ferments, mais il est beaucoup plus intéressant et plus commode de faire l'inverse, c'est-à-dire d'oxyder l'ammoniaque pour en faire de l'acide azotique. Il suffit d'envoyer un courant d'air d'abord dans une solution ammoniacale puis dans un tube légèrement chauffé et contenant un catalyseur tel que la mousse de platine. C'est le procédé Ostwald qui est appliqué dans de nombreuses usines, à Gerthe, près Bochum, en Allemagne, à Vilvorde, près Bruxelles, à Aussig, en Autriche, etc...

Dès maintenant il apparaît comme probable, si l'azotate d'ammoniaque se comporte bien comme engrais, que l'industrie de l'azote synthétique tendra vers la production de ce composé azoté à azote condensé qui permettrait de diminuer les frais de transports et, par suite, d'étendre le rayon d'action des usines.

* * *

Quelques réflexions s'imposent lorsque l'on a décrit, comme nous venons de le faire très succinctement, les procédés divers permettant de fixer l'azote atmosphérique.

D'abord on est frappé par le rôle important joué par les catalyseurs ; s'il est un corps qui soit sensible à l'action de ces mystérieux accélérateurs de réaction, c'est bien l'azote et l'essor incomparable de la chimie a eu pour résultat d'imposer impérieusement les catalyseurs à l'attention des savants. On connaissait bien leur existence, on savait qu'ils agissent comme le ferait une élévation de température et que, sans changer les produits ultimes d'une réaction, ils en multiplient énormément la vitesse et permettent d'atteindre en quelques secondes les états d'équilibre qu'il faudrait des jours, parfois des années, pour obtenir. Mais l'étude des réactions d'oxydation et d'hydrogénation de l'azote a permis de connaître, sinon le mécanisme même du fonctionnement des catalyseurs, tout au moins une partie de leurs mœurs si curieuses. Comme les vivants, les catalyseurs ont leurs préférences, comme eux ils vivent et meurent.

Un grand nombre de substances ne deviennent actives que lorsque certains composés métalliques sont répartis dans leur masse. D'autres composés, au contraire, jouent le rôle de poisons et tuent le catalyseur. Chose curieuse, le poison n'est pas le même pour toutes les réactions : celui qui tue la réaction génératrice de l'ammoniaque n'est pas le même que celui qui supprime la formation de l'acide sulfurique, par exemple, dans les procédés de contact.

Dans le cas particulier de la préparation de l'ammoniaque, l'activité du fer est supprimée par des traces de sulfures des métalloïdes ou des métaux à bas point de fusion. Un millionième de soufre suffit à le paralyser, aussi les gaz employés doivent-ils être parfaitement purs, ce qui est une difficulté supplémentaire.

* * *

Enfin, il est une question fondamentale qu'il faut toujours envisager dans le problème de la fixation de l'azote. Les nouveaux procédés vont-ils faire baisser le prix de l'azote combiné, et l'agriculture peut-elle espérer avoir, dans un avenir prochain, un azote à meilleur marché ? Pour répondre à cette question, il est nécessaire de dire quelques mots des nitrates de soude du Chili.

L'industrie salpêtrière chilienne ne date guère que de 1830, et ses progrès ont été des plus rapides puisqu'en 1911 l'exportation s'est élevée à 2.487.000 tonnes valant 600 millions et représentant environ 350.000 tonnes d'azote.

Les gisements les plus riches, les seuls actuellement exploités, se trouvent en plein désert, loin de toute végétation et de tout cours d'eau, à une altitude de 800 mètres environ et à une distance de 100 kilomètres de la mer dont ils sont séparés par une chaîne de montagnes, la Cordillère de la Côte, d'une altitude moyenne de 1.000 mètres. Aussi des villes nouvelles se sont-elles créées sur les lieux mêmes d'exploitation, abritant les 40.000 ouvriers qui préparent dans 160 usines le minerai purifié exporté ensuite en Europe.

On trouve le nitrate soit sous forme d'imprégnations ou d'efflorescences, soit mélangé au calcaire, soit enfin dans une couche d'épaisseur variable appelée *caliche* et située à une faible profondeur dans le sol. Cette couche, la seule exploitée actuellement, renferme de 15 à 40 % de nitrate de soude. Pour le concentrer, on broye le minerai et on le lessive à chaud. Très soluble, le nitrate se sépare des autres corps et on le retire ensuite de la solution par évaporation et cristallisation.

On voit, d'après les quelques chiffres donnés plus haut, que le nitrate de soude du Chili restera longtemps encore le régulateur du prix de l'azote, les procédés synthétiques n'apportant sur le marché qu'une partie complémentaire. D'ailleurs tous les procédés faisant appel à l'énergie électrique resteront forcément limités dans leur extension par la nécessité de trouver de nouvelles chutes d'eau abondantes et économiques à aménager.

Enfin les méthodes d'extraction chiliennes sont encore très primitives et leur perfectionnement pourra amener un abaissement de prix qu'on ne peut guère espérer atteindre, tout au moins dans un avenir prochain, au moyen des méthodes électriques.

LES APPLICATIONS

DES

RAYONS ULTRA-VIOLETS

Les rayons ultra-violets. — Leurs propriétés générales.— Les effets physiologiques des rayons ultra-violets. — Les applications de leur activité chimique. — La photolyse, la photosynthèse. — L'examen des poudres aux rayons ultra-violets.

Pendant longtemps la lumière blanche a été considérée comme formée de sept couleurs que l'on rassemblait dans un vers célèbre, présent à toutes les mémoires :

> Violet, indigo, bleu, vert, jaune, orangé, rouge.

Ce n'est que récemment que l'on s'est aperçu que ce spectre visible n'était qu'une petite fraction, la moins intéressante peut-être, du faisceau des radiations émises par une source lumineuse. Au delà de cette partie visible, dans les régions où l'œil ne perçoit plus aucune sensation brillante, il existe encore des radiations, infra-rouges ou ultra-violettes, dont les propriétés ont retenu l'attention des physiciens et des industriels. Leurs applications sont des plus intéressantes, une science nouvelle, la photochimie, s'est créée et des industries en sont récemment sorties. Aussi leur étude a-t-elle sa place toute marquée dans une revue des acquisitions de l'année 1913. C'est particulièrement M. Daniel Berthelot, le fils de l'illustre chimiste, qui s'est spécialisé dans cette branche et qui y a fait les plus remarquables découvertes.

Les rayons ultra-violets sont les vibrations éthérées les plus rapides que nous sachions produire et trois grandes propriétés dominent leur histoire : au point de vue physiologique, ils sont destructeurs de la vie ; au point de vue physique, ils sont éminemment absorbables; au point de vue chimique, ils jouent le rôle d'agents de catalyse et de synthèse.

M. Berthelot divise, pour l'étude commode des phénomènes, le spectre ultra-violet en quatre régions. La première, contiguë au spectre visible, ne diffère guère, tout au moins au point de vue de l'action de ses rayons, du violet visible. Les radiations ont une activité physiologique excitante et tonique utilisée en médecine et elles n'exercent pas d'effet nocif sur les organismes.

Au contraire, dans la seconde région, qui comprend les radiations dont les longueurs d'ondes sont comprises entre $0^\mu,3$ et $0^\mu,2$ (¹), les actions destructives de la vie, ou abiotiques se manifestent énergiquement. Ces radiations ont des actions stérilisantes ou microbicides. Au point de vue chimique, leur rôle est analogue, dans la plupart des cas, à celui d'une élévation modérée de température ; elles fonctionnent donc comme des catalyseurs ou des ferments.

Le troisième groupe de radiations, de $\lambda = 0^\mu,2$ à $\lambda = 0^\mu,15$, possède les mêmes propriétés que la région précédente, cependant, au point de vue chimique, les actions sont plus violentes, elles correspondent à une forte élévation de température. Pour beaucoup de

---

(1) Rappelons que la longueur d'onde généralement représentée par λ, est la distance qui sépare dans l'espace deux points dans le même état de vibration. Le μ est l'unité employée pour mesurer ces distances, il vaut un millième de millimètre.

systèmes, elles provoquent des réactions réversibles ou d'équilibre comme celles qu'engendrent les hautes températures, enfin elles entraînent la formation de corps explosifs. Elles représentent donc une réserve d'énergie.

Enfin le quatrième groupe comprend les autres radiations ultra-violettes dont l'étude est à l'heure actuelle à peine ébauchée.

*
* *

Comment produire les radiations ultra-violettes avec une intensité suffisante pour obtenir des effets bien marqués ? C'est là un point capital au point de vue de l'utilisation pratique. De même qu'il y a 40 ans, lorsque la génération industrielle des courants électriques fut trouvée, commença l'ère des grandes applications de l'électricité, nous entrons aujourd'hui dans l'ère des grandes applications de la lumière et de l'énergie radiante.

Les sources intenses dont nous disposons à l'heure actuelle pour la production des radiations ultra-violettes sont les étincelles électriques entre métaux ou mieux les arcs électriques entre métaux.

Mais ces arcs présentent de graves défauts, ils sont irréguliers, sujets à varier d'intensité et même à s'éteindre. Ils nécessitent une surveillance incessante et remplissent l'atmosphère de vapeurs désagréables et souvent dangereuses. Aussi les sources de radiations ultra-violettes ne sont-elles devenues véritablement pratiques que le jour où l'on a réussi à fabriquer des arcs à mercure en vase clos dans le vide. Comme le verre arrête les radiations ultra-violettes, on utilise des enveloppes de quartz. Très connues à l'heure actuelle, nous ne les décrirons pas autrement ici, nous contentant d'indiquer que leur emploi n'est pas encore idéal, tant par suite de leur fragilité que par suite de la nécessité d'utiliser uniquement le courant continu.

* * *

Les effets physiologiques des radiations ultra-violettes diffèrent beaucoup suivant la portion du spectre considéré et M. Daniel Berthelot, dans une conférence à la Société des Ingénieurs civils, les a caractérisés en ces termes :

« L'*ultra-violet solaire a un effet tonique et excitant*, à la « manière des poisons, tels que l'arsenic, lorsqu'ils sont « pris à petite dose. C'est à la présence de radiations « ultra-violettes qu'il faut attribuer les effets curatifs « souvent constatés du rayonnement solaire. La pro- « portion de rayons ultra-violets augmente quand on « s'élève et surtout quand on va en pays de monta- « gnes, moins encore en raison de la diminution de la « couche d'air traversée, que de la moindre épaisseur de « la vapeur d'eau et de l'absence de poussières ; c'est « ce qui explique les *coups de soleil des alpinistes*, si fré- « quents en haute montagne.

« Le même effet s'observe dans les climats purs et « secs, comme ceux des régions désertiques. »

Le Dr Artault, de Vevey, a, d'autre part, démontré les bons effets des applications locales de lumière solaire concentrée au moyen de lentilles dans diverses affections telles que : adénites et laryngites tuberculeuses, métrites, eczémas et cancers.

Dès que l'on dépasse dans le spectre l'ultra-violet solaire pour pénétrer dans l'ultra-violet moyen, les effets nocifs se produisent brusquement.

Cette action se manifeste par la mort très rapide des organismes unicellulaires. Elle s'exerce de même sur les tissus des végétaux supérieurs et notamment des plantes vertes. Une exposition de quelques minutes, à un décimètre de la lampe à mercure, suffit pour tuer le protoplasme végétal, dont la mort s'accuse dans les vingt-quatre ou quarante-huit heures suivantes par un noircissement progressif.

L'action nocive des rayons ultra-violets n'est pas moindre sur les cellules de l'épiderme des animaux supérieurs et notamment de l'homme. Une exposition, même courte, à faible distance, d'une lampe à vapeur de mercure, produit une sensation de cuisson, de démangeaison. La peau devient rouge, puis pèle ; les cellules épidermiques sont tuées et tombent ; il peut y avoir vésication. Ce sont les effets bien connus du coup de soleil. Ils ont fait l'objet d'études de la part de Bouchard. L'organisme attaqué par l'ultra-violet se défend d'abord par la congestion des capillaires cutanés, puis, à la longue, par la formation de pigments.

Ces effets ont été observés dès 1843 par le physicien Foucault, au moyen de l'irradiation par l'arc entre charbons, qu'il fut le premier à utiliser comme source de projection dans son microscope photo-électrique. Il a attribué ce *coup de soleil électrique* à l'action des rayons ultra-violets, en même temps qu'il indiquait avec beaucoup de sagacité que le moyen le plus efficace de s'en préserver était d'employer des verres fluorescents, tels que les verres d'urane, capables d'absorber l'ultra-violet.

Les effets physiologiques les plus redoutables des rayons ultra-violets sont ceux qui se produisent sur l'œil. Un examen, à trop courte distance, des lampes à mercure, détermine des conjonctivites très douloureuses.

Si l'action est trop intense, on est exposé à devenir aveugle.

Le mode d'action des rayons ultra-violets est entièrement différent de celui des rayons X. Ce qui caractérise ces derniers, c'est leur pouvoir de pénétration : aussi peuvent-ils agir au-dessous de la peau, jusque dans l'épaisseur des tissus, pour atteindre certaines cellules particulièrement sensibles à leur action, en modifier la nutrition, en déterminer la dégénérescence ou la mort. C'est ainsi que les rayons X, à des doses où ils n'altèrent pas la peau, agissent déjà dans la profondeur du corps sur les cellules épithéliales des canaux séminifères, ainsi que sur les follicules lymphatiques de la rate, de l'intestin ou du système ganglionnaire.

Les rayons ultra-violets, au contraire, n'ont aucun

pouvoir pénétrant : leur action est *superficielle* et se recommande aux *dermatologistes*. En fait, elle a déjà rendu de grands services à ceux-ci. Les applications les plus importantes et les plus suivies jusqu'ici sont celles qui ont été faites par le médecin danois Finsen qui a obtenu des résultats décisifs dans le traitement du lupus vulgaire, affection de la peau d'origine tuberculeuse.

* * *

A l'heure actuelle ce sont les propriétés stérilisantes des rayons ultra-violets qui font leur importance industrielle. Signalées pour la première fois en 1895 par M. Charles Lambert à propos d'un concours ouvert par la Ville de Paris, elles n'ont été appliquées pratiquement qu'à la suite de l'invention des lampes en quartz à vapeur de mercure. MM. Courmont et Nozier, de Lyon, Victor Henry et Stodel, Helbronner, de Recklinghausen, ont pris de nombreux brevets et fait de nombreuses expériences, scientifiques ou industrielles, encore présentes à toutes les mémoires.

La grosse question à l'heure actuelle est de savoir si la stérilisation par les rayons ultra-violets, qui ont donné de bons résultats pour l'eau, peut s'appliquer à d'autres liquides. L'expérience a montré que la plupart des liquides organiques, surtout s'ils contiennent des matières colloïdes en suspension (vin, bière, cidre, bouillon, etc.), sont peu perméables aux rayons ultra-violets ; une épaisseur de un millimètre suffit souvent pour les arrêter complètement, aussi la stérilisation pratique de ces liquides est-elle difficile.

Par contre, diverses applications secondaires ont déjà été essayées avec un certain succès. Ainsi, les brasseurs considèrent comme désirable de stériliser les fûts vides dans lesquels ils vont mettre de la bière ; on y arrive en promenant quelques instants une lampe à mercure dans l'axe du tonneau.

Plusieurs Compagnies d'eaux minérales stérilisent avec les rayons ultra-violets l'eau ordinaire avec laquelle elles ont l'habitude de laver leurs bouteilles, avant d'y introduire l'eau minérale proprement dite.

De même diverses Sociétés agricoles lavent aujourd'hui leur beurre avec de l'eau stérilisée par les lampes à mercure ; le beurre ainsi traité se conserve, paraît-il, plus longtemps.

Enfin, dans quelques ports de l'Amérique du Sud, où l'eau des égouts faisait périr tous les poissons, on a essayé la stérilisation en grand par les lampes à mercure.

*   *   *

Les plus récentes et aussi les plus remarquables applications de la lumière ultra-violette sont celles qui concernent leur activité chimique.

On peut dire sans paradoxe, que la photographie n'est faite que grâce aux rayons ultra-violets et que, par suite, nous impressionnons les plaques avec les rayons que nous ne voyons pas. Aussi les récentes études dans l'ultra-violet ont-elles commencé à profiter à la photographie.

On sait depuis longtemps, en effet, que les plaques ordinaires au gélatino-bromure d'argent sont peu sensibles au rouge, un peu plus au vert et fortement au bleu, au violet et surtout à l'ultra-violet. Mais la majeure partie de ce dernier est arrêtée par le verre des objectifs ordinaires ; c'est ce qui explique que, même avec les plaques ultra-rapides, on soit obligé de poser pour photographier, soit au dehors à la tombée du jour, soit à l'intérieur d'un appartement en plein jour. Or, depuis quelques mois, grâce à l'emploi d'objectifs spéciaux à large ouverture et transparents pour l'ultra-violet, on a pu réaliser des instantanés et même des films cinématographiques, soit dans des salles, soit dans la rue par temps de brouillard ou après le coucher du soleil. On a pu également cinématographier les mouvements internes des organes révélés par les rayons X, en photographiant sur le film les ombres chinoises qui se dessinaient sur l'écran au platinocyanure. C'est là un résultat qui n'avait encore jamais été obtenu.

L'efficacité spéciale des rayons ultra-violets fut reconnue ensuite dans divers types de réactions, combinaison de l'hydrogène et du chlore, transformation du soufre octaédrique en soufre insoluble, transformation du phosphore blanc en phosphore rouge, production d'ozone, formation d'eau oxygénée dans l'eau ordinaire, etc.

Mais l'action de la lumière est bien plus générale et beaucoup plus importante. MM. Daniel Berthelot et Gaudechon ont montré qu'elle est comparable à celle de la chaleur et de l'électricité. Comme le dit M. Berthelot :

« Les rayons ultra-violets produisent à froid, dès la
« température ordinaire, une multitude de combustions
« totales que la chaleur ne réalise qu'à la température
« du rouge. Ils jouissent de propriétés décomposantes
« qui s'exercent sur les corps les plus variés : les alcools,
« les aldéhydes, les sucres sont décomposés. La décom-
« position par la lumière, ou *photolyse*, constitue un
« chapitre nouveau de la science, à placer à côté de la
« décomposition par l'électricité ou *électrolyse*. Ces
« rayons possèdent également un pouvoir de combi-
« naison qui leur permet de réaliser à froid des *photo-*
« *synthèses* dans des conditions d'une grande simpli-
« cité, qui rappellent l'action des tissus vivants, et qui
« jettent un jour inattendu et très suggestif sur les mé-
« canismes de la synthèse organique dans la nature. »

Indiquons quelques-unes des réactions principales qui illustrent le pouvoir catalytique des rayons ultraviolets. Ces rayons produisent avec une facilité remarquable, dès la température ordinaire, les combustions que la chaleur ne produit qu'au rouge ; c'est ce qui arrive pour les gaz tels que l'hydrogène, le gaz ammoniac, le cyanogène qui, en présence d'air ou d'oxygène, sont totalement brûlés à froid par les rayons ultra-violets.

La combustion du cyanogène avec formation d'azote et d'acide carbonique présente un réel intérêt pour la physique cosmique. Au mois de mai 1910, les journaux avaient provoqué une certaine inquiétude dans le public en annonçant que la queue de la comète de Halley allait pénétrer dans l'atmosphère terrestre et empoisonner les êtres vivants au moyen de son cyanogène, l'analyse spectrale y ayant en effet révélé la présence de ce composé toxique. Tel fut l'effet de ces prédictions que quelques cerveaux mal équilibrés en furent définitivement dérangés, ce qui amena en plusieurs pays de petites épidémies de suicides analogues à celles que l'annonce de la fin du monde détermina au Moyen-Age.

Et pourtant les couches supérieures de l'atmosphère terrestre étant irradiées par les rayons solaires ultra-violets, le cyanogène de la comète aurait été entièrement brûlé avant d'avoir atteint la surface de la terre, si même la *quantité totale* de cyanogène avait pu avoir une action quelconque.

On emploie les rayons ultra-violets pour blanchir les huiles vertes ; ils concurrencent l'eau oxygénée pour le blanchiment des dents, etc.

* * *

Une application intéressante a été faite par M. Berthelot pour l'essai des poudres.

Des faits nombreux l'avaient conduit à penser que l'activité chimique des rayons ultra-violets est liée à une cause cinétique qui paraît être le synchronisme de leurs vibrations avec celui des vibrations des particules matérielles (¹). Il y aurait donc une sorte de résonance photochimique entre l'éther et la matière.

Dans le cas particulier des poudres, les rayons ultra-violets donnent en quelques heures les mêmes gaz que ceux qui se forment lentement sous l'influence des agents de décomposition naturelle (chaleur, oxydation, humidité, etc.).

On peut ainsi comparer la poudre B (nitrocellulose sans glycérine) avec les poudres à diverses teneurs de nitroglycérine (dynamites-gommes) utilisées dans d'autres pays.

Les poudres balistiques modernes représentent des substances en voie d'altération lente, en équilibre instable, pourrait-on dire. L'expérience a amené à adjoindre à leurs éléments essentiels de petites quantités de corps appelés *stabilisants*, dont le rôle est d'absorber et de fixer les produits acides qui prennent naissance pendant leur dénitration lente et qui accéléreraient la décomposition. Les plus employés sont l'alcool amylique et la diphénylamine. On n'a été fixé sur leur efficacité que par des observations prolongées. Les rayons ultra-violets mettent à même de les comparer par des expériences de laboratoire de quelques heures.

De même sur les échantillons de poudre B avariés par des séjours sous les tropiques, ils permettent de distinguer immédiatement les parties saines des parties altérées.

On voit par là que les rayons ultra-violets fournissent les éléments d'une méthode d'investigation nouvelle et précieuse, apte à contrôler et compléter l'examen de la *stabilité des poudres vis-à-vis de la chaleur*, base des épreuves réglementaires dans les divers pays, par l'examen de *stabilité vis-à-vis de la lumière ultra-violette*.

Enfin M. Berthelot est arrivé à réaliser ce que la nature seule pouvait faire jusqu'à présent : la synthèse chlorophyllienne à l'aide des rayons ultra-violets.

---

(1) On sait que les mouvements vibratoires peuvent s'amplifier jusqu'à rupture d'équilibre quand ils sont excités par une source périodique dont la période est égale à celle du système vibrant. Alors se produit le phénomène de la *résonance*, qui peut amener en mécanique la rupture des tiges élastiques et des ponts suspendus, et en électricité la rupture par surtension des canalisations où circulent des courants alternatifs.

Ainsi, à côté des formes d'énergie que nous connaissons et que nous employons, à côté de la chaleur, détrônée par l'électricité au siècle dernier, apparaît une nouvelle forme, plus subtile, plus redoutable, plus mystérieuse aussi : l'énergie radiante qui, en nous donnant la télégraphie sans fil, les rayons X, la radio-activité, les rayons ultra-violets, nous promet, pour l'avenir, des merveilles encore plus incroyables.

TRANSPORTS

LE RÉSEAU DES TRAMWAYS DE PARIS

Historique du réseau. — Constitution du réseau actuel. — Distribution de la force motrice. — Le caniveau souterrain. — Le caniveau central, sa construction. — Le matériel roulant. — La suppression des impériales. — Les divers types de voitures proposés.

En 1854, le service de transport en commun était assuré par six Sociétés : Omnibus, Dames réunies, Favorites, Béarnaises, Citadines, Tricyclettes, qui concoururent à former la nouvelle Entreprise des Omnibus. La Compagnie, définitivement constituée en 1855, avait pour objet l'exploitation, avec droit exclusif de stationnement sur la voie publique, de toutes les voitures de transport en commun, et notamment de tous les services d'omnibus sur voies ferrées.

La Compagnie actuelle des omnibus commença son exploitation le 1er mars 1855, avec 435 voitures assurant le service de 25 lignes dans Paris, d'un développement de 149 km. 700 et de 28 lignes dans la banlieue, d'un développement de 195 km. 400. Les premières lignes exploitées par voies ferrées furent celles de la concession Loubat, du Louvre au rond-point de Boulogne, à Sèvres et à Versailles, entre la place de la Concorde

Fig. 25. — Voiture du Service des Tricycles.

et le rond-point de Boulogne avec embranchement sur Sèvres. Les voies furent poussées jusqu'au Louvre en 1873 et, en 1875, la Compagnie des Omnibus, qui

Fig. 26. — Voiture de l'Entreprise Générale des Dames Blanches

s'était substituée à l'entreprise Loubat, fit construire la ligne du Louvre à Vincennes.

En 1880, le réseau des tramways comprenait 18 li-

Fig. 27. — Voiture de l'Entreprise Générale des Omnibus.

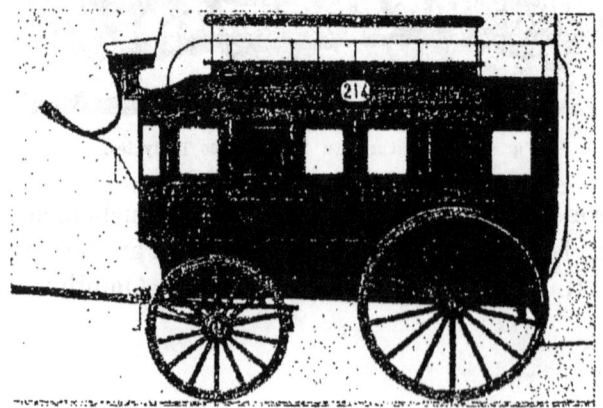

Fig 28. — Omnibus à 24 places (1855).

Fig. 29. — Tramway-omnibus à 40 places (1866).

gnes, d'un développement de 131 km. 582. En 1900, il existait 36 lignes de tramways d'un développement de 227 km. 061.

Les débuts de la traction mécanique à la Compagnie générale des Omnibus remontent à l'Exposition de 1889 ; 4 automotrices à vapeur, système Rowan, circulaient sur la ligne spéciale qui allait de l'Exposition (Palais du Trocadéro) à la gare du Trocadéro-Ceinture. En 1892, la Compagnie générale des Omnibus adoptait la traction à air comprimé sur les lignes Louvre-Saint-Cloud-Sèvres, Louvre-Versailles et Saint-Augustin-Cours de Vincennes. En 1897, la ligne Cimetière de Saint-Ouen-Porte de Clignancourt-Bastille fut exploitée par des automotrices à vapeur comportant un générateur et un moteur du système Serpollet. En 1907, les générateurs Serpollet de ces voitures furent remplacés par des générateurs Purrey. En 1898, plusieurs lignes furent transformées et équipées avec des voitures à air comprimé. A la même époque, deux lignes furent exploitées en traction électrique par accumulateurs. Egalement à cette même époque, la Compagnie équipa diverses lignes avec des voitures à vapeur du système Purrey. Enfin, en 1906, la Compagnie obtint l'autorisation d'installer une ligne à trolley entre le Point du Jour et Versailles et, supprimant les locomotives à air comprimé sur ce parcours, fit remorquer les nouvelles voitures à trolley par des locomotives à vapeur dans Paris.

On voit, par l'énumération qui précède, que la Compagnie des Omnibus a fait de gros efforts pour trouver des solutions pratiques de la question des transports à Paris, et il est utile de constater que les divers systèmes de traction, quelque imparfaits qu'ils puissent être, ont rendu de grands services au public.

**

La réorganisation des tramways dans Paris et le département de la Seine donna lieu à de longues discussions qui durèrent sept années, de 1903 à 1910, et qui,

Fig. 30. — **Tramway à chevaux à 51 places (1875).**

Fig. 31. — Omnibus à 30 places (1888).

Fig. 32. — Automotrice à vapeur, système Rowan (1889).

engagées d'abord devant une Commission spéciale du Ministère des Travaux Publics, se poursuivirent ensuite pendant plusieurs sessions du Conseil municipal et du Conseil général.

Après des pourparlers laborieux, la Compagnie Générale des Omnibus obtint la concession du service des omnibus automobiles et la rétrocession du réseau municipal de tramways, dont la concession était accordée à la Ville de Paris.

Les Pouvoirs Publics avaient reconnu la nécessité de réunir les deux exploitations dans les mêmes mains.

D'après les prévisions, les tramways devaient, en effet, donner un bénéfice d'exploitation suffisant pour rémunérer leurs dépenses de premier établissement, tout en laissant encore un bénéfice complémentaire, lequel, ajouté au bénéfice d'exploitation des autobus, devait ainsi permettre la rémunération des dépenses de premier établissement afférentes aux autobus.

Un cahier des charges unique régissait désormais toutes les lignes du réseau municipal, cahier des charges d'ailleurs étendu, avec quelques modifications de détail, aux Compagnies départementales de tramways.

Le réseau comprend 39 lignes d'un développement de 293 km. 03. Les principales lignes sont les suivantes :

	Km.
Versailles-Sèvres-Louvre	18,730
Saint-Cloud-Louvre	10,135
Cours de Vincennes-Louvre	6,628
Montrouge-Gare de l'Est	6,328
La Chapelle-Jardin des Plantes	7,312
Cimetière de Saint-Ouen-Porte de Clignancourt-Bastille	6,855
Auteuil-Passy-Hôtel de Ville	8,060
Créteil-Charenton-Louvre	13,306
La Muette-Rue Taitbout	6,106
Boulogne-Auteuil-Madeleine	9,950
Porte de Saint-Cloud-Madeleine	8,210
Avenue Henri-Martin-Gare de Lyon	9,020
Avenue Henri-Martin-Alma-Place de la Nation	10,800

Fig. 33. — Automotrice à vapeur à impériale, système Purrey (1898).

Fig. 34. — Automotrice à air comprimé, modèle 1898. Voiture d'attelage à impériale.

Fig. 35. — Automotrice électrique à accumulateurs (1898).

	Km.
Pantin-Opéra	6,720
Montreuil-Nation-République-Louvre	11,053
Auteuil-Saint-Sulpice	9,500
Cours de Vincennes-Saint-Augustin	9,105
La Villette (Marché)-Saint-Sulpice	7,200

Les voitures affectées au réseau de tramways seront remisées dans treize dépôts, d'une superficie totale de 83.721 mètres carrés. Les travaux de bâtiment, dans ces dépôts, s'élèveront à la somme de 8 millions environ. Les grandes réparations seront exécutées à l'atelier central de la Compagnie (atelier commun aux autobus et aux tramways) dont la superficie est de 84.141 mètres carrés. Cet atelier a été complètement remanié et les dépenses totales pour bâtiments et outillage, tant pour les autobus que pour les tramways, s'élèveront à 3.500.000 francs.

* * *

L'alimentation en énergie électrique du réseau municipal de tramways sera assurée par trois usines génératrices produisant des courants triphasés aux tensions suivantes :

Usine de Saint-Denis	10.000 volts
— Vitry-sur-Seine	13.500 —
— Billancourt	13.500 —

La consommation annuelle aux usines sera d'environ 50 millions de kilowatts-heures.

Les courants de ces usines seront distribués par des feeders haute tension à huit sous-stations chargées de transformer le courant haute tension en courant continu 600 volts ; les sous-stations distribueront le courant continu aux lignes de contact des tramways, fils de trolley et rails de prise de courant du caniveau.

Le réseau de feeders haute tension est constitué par des câbles triphasés à haute tension sous plomb et armés, formés de trois conducteurs en cuivre ; l'enve-

Fig. 36. — Automotrice à vapeur sans impériale, système Purrey. Voiture d'attelage sans impériale (1905).

Fig. 37.— Locomotive à vapeur et automotrice électrique à trolley (1906).

loppe en plomb entourant ces câbles est isolée de l'armature en feuillard par l'interposition de deux feuilles de papier enduit, d'un ruban de coton étroit, et d'un matelas de filin goudronné, de façon à la protéger contre les attaques d'ordre électrolytique ou d'ordre purement chimique qu'elle peut subir dans le sous-sol.

L'aluminium a été substitué en grande partie au cuivre pour les conducteurs de 300, 400 et 600 millimètres carrés de section.

La longueur totale des feeders haute tension atteint 48 kilomètres.

Les feeders chargés de l'alimentation des barres de caniveau sont spécialisés et distincts des feeders chargés de l'alimentation du trolley.

Les considérations qui ont présidé à l'étude des *feeders positifs* alimentant le trolley sont les suivantes :

Les points d'alimentation de la ligne aérienne ont été choisis de façon que la distribution du courant se fasse avec le minimum de perte ; de plus, pour faciliter la manœuvre des interrupteurs d'alimentation, ces points ont été placés, dans la mesure du possible, au voisinage des bureaux d'attente situés sur la voie publique et raccordés téléphoniquement aux sous-stations et dépôts.

Enfin, les feeders positifs suivent à très peu près les mêmes tracés que les feeders négatifs pour diminuer les frais de tranchée, ce qui, dans la plupart des cas, localise les points d'alimentation.

En ce qui concerne les *feeders négatifs*, leur tracé a été déterminé par l'unique considération du retour du courant dans les conditions prescrites par l'arrêté technique du 21 mars 1911, afin d'éviter les effets d'électrolyse.

Les feeders alimentant les caniveaux ont été installés suivant les mêmes principes. De plus, on s'est appliqué à faire aboutir la plupart de ces feeders dans des postes de *couplage* établis sur la voie publique dans les bureaux d'attente ou dans des kiosques spéciaux. Ces postes sont munis d'*inverseurs* qui permettent de changer la polarité des barres de caniveau sur chacune des voies alimentées par ce poste. Ce dispositif a pour but de prévenir les courts-circuits qui pourraient se produire dans le cas où des défauts d'isolement se déclareraient simultanément sur les barres de caniveau reliées à des postes différents.

Lorsque de pareils accidents surviennent, les agents placés dans les postes de couplage n'ont qu'à inverser les pôles d'alimentation sur un des jeux de barres présentant un défaut et à faire coïncider ainsi les polarités des défauts, pour pouvoir reprendre l'alimentation normale.

Incidemment, il y a lieu de signaler que c'est en partie en considération de l'éventualité de ces accidents que les feeders « trolley » sont alimentés en toute indépendance des feeders de caniveau.

Pour assurer la sécurité de l'exploitation électrique, des câbles auxiliaires sont placés dans la même tranchée que les câbles d'énergie : câbles haute tension et câbles basse tension.

Ces câbles auxiliaires permettront d'assurer les communications téléphoniques entre sous-stations et usines génératrices, entre les diverses sous-stations, et entre sous-stations et postes de couplage situés sur la voie publique, en toute indépendance de l'exploitation commerciale de la Compagnie qui disposera d'un réseau téléphonique spécial.

De plus, aux atterrissages des feeders de retour de trolley, seront placées sur poteaux des boîtes dites « boîtes pilotes téléphoniques », permettant le branchement d'appareils portatifs.

Dans les sous-stations, les câbles auxiliaires — tant ceux accompagnant les câbles à haute tension que ceux accompagnant les câbles à basse tension — aboutissent à des appareils téléphoniques.

Ces réseaux téléphoniques seront à batterie centrale intégrale et alimentés par des batteries d'accumulateurs placées dans les sous-stations.

Les appareils téléphoniques de réseau ne comporteront ainsi ni piles de microphones, ni piles de sonneries et pourront facilement être transportés pour être branchés, sur les boîtes pilotes téléphoniques.

Comme les câbles pilotes, ces câbles auxiliaires seront utilisés pour rechercher les défauts sur les câbles et pour contrôler le retour du courant de trolley.

A cet effet, des tableaux dits de « contrôle » seront placés dans chaque sous-station alimentant des lignes équipées en trolley.

Les dépenses totales relatives à ces installations seront approximativement les suivantes :

Feeders haute tension	2.500.000 fr.
Sous-stations	3.900.000 —
Feeders basse tension	4.800.000 —
	11.200.000 fr.

* * *

Les systèmes à plots n'ayant pas donné des résultats admissibles pour les grandes villes, la Compagnie a fait choix, pour les parties sur lesquelles le trolley n'est pas autorisé, du caniveau souterrain.

Le caniveau pour traction électrique par prise de courant souterraine comporte deux conducteurs métalliques nus, supportés chacun séparément par des isolateurs. Ces conducteurs métalliques doivent être au-dessous du niveau du sol et pratiquement à l'abri des usagers de la voie publique.

L'organe de prise de courant, appelé communément charrue, est bipolaire. Chacun de ses pôles doit être maintenu constamment en contact avec un des deux rails conducteurs. Pour permettre à la charrue d'être reliée mécaniquement à la voiture et d'en suivre ainsi tous les déplacements, le caniveau comporte, au niveau du sol, une fente ou rainure qui règne sur toute la longueur de la ligne.

Les conditions à remplir sont multiples : les isolateurs

des supports des rails de prise de courant doivent être robustes pour résister aux efforts ou aux chocs transmis par l'appareil de prise de courant ; leur isolement doit être élevé puisqu'ils sont soumis à une tension variant de 0 à 600 volts, leur forme doit être telle que les boues et détritus ne puissent s'accumuler en compromettant leur résistance d'isolement, enfin, leur montage doit permettre de les remplacer facilement.

La largeur de la rainure ne doit pas dépasser une cote maximum afin de ne pas apporter de gêne à la circulation ordinaire ; elle ne peut descendre au-dessous d'un chiffre minimum pour permettre, dans tous les cas, le libre entraînement de la prise de courant.

Le caniveau qui est ainsi constitué par une sorte de conduite fendue à sa partie supérieure doit supporter les charges de roulage et résister à la poussée latérale du revêtement de la chaussée et même à celle du pavage en bois bien établi.

Toutes dispositions utiles doivent être prises pour l'évacuation facile dans les égouts des boues et détritus de toutes sortes qui pénètrent par la rainure du caniveau et, à cet effet, il est raccordé à l'égout de distance en distance, tous les 150 mètres environ. Il doit avoir une profondeur suffisante pour que l'écoulement des boues et détritus ne puisse venir en contact avec les rails conducteurs métalliques et pour qu'il soit néanmoins possible de repousser ces boues au moyen d'une raclette jusqu'au point le plus bas où se fait le raccord avec l'égout.

Toutes les conditions qui précèdent seraient facilement réalisables si l'on disposait d'une place suffisante et si l'on n'avait pas à s'occuper du coût des installations. On avait pensé, à l'origine, à construire des caniveaux accessibles souterrainement par un véritable égout central pour assurer dans les meilleures conditions le nettoyage, les visites et l'entretien, mais le coût de telles installations était absolument prohibitif.

En outre, dans la plupart des cas, les installations préexistantes ne permettaient pas l'exécution sous la voie publique de travaux de cette importance.

* * *

Le type de caniveau central adopté comprend des chaises en fonte placées tous les 1 m. 30, pesant

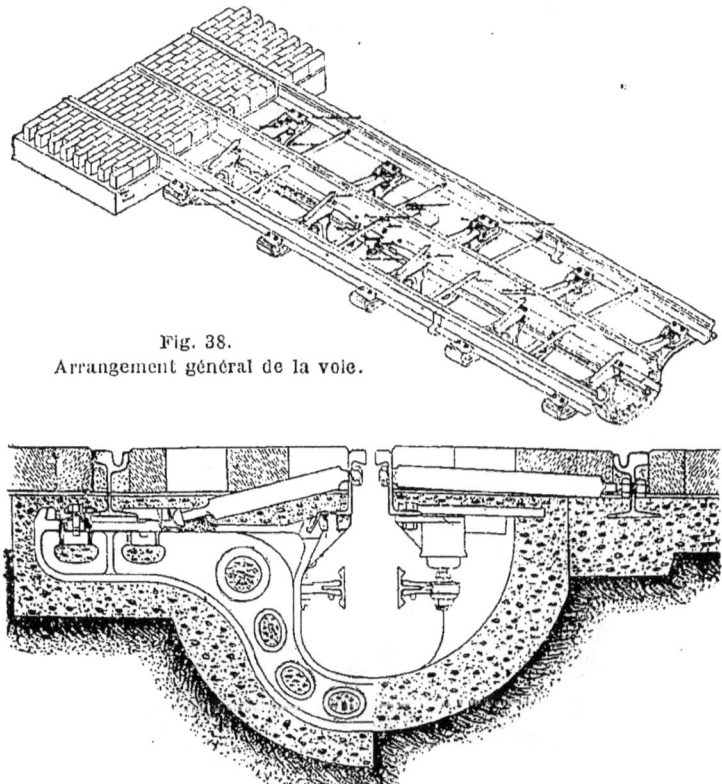

Fig. 38.
Arrangement général de la voie.

Fig. 39. — Coupe du caniveau.

160 kilogrammes et d'une hauteur telle que l'encombrement au-dessous des rails de rainure soit de 0 m. 60. Sur ces chaises sont fixés, au centre, les rails de rainure. Les bras des chaises supportent les rails de roulement par l'intermédiaire de cales en bois de teck paraffiné.

Fig. 40. Transport d'une chaise.

Fig. 41 — Montage et pose des rails.

Les rails de roulement à gorge sont du type U. T. F., pesant 51 kg. 400 au mètre courant, et d'une longueur normale de 18 m. 20. Les rails de prise de courant ont une longueur de 7 m. 80 ; ils pèsent 12 kg. 083 au mètre courant. Au droit de chaque chaise, l'écartement des rails de rainure est maintenu par deux tirants ancrés sur la partie supérieure des chaises ; dans le pavage en bois, dont la poussée est très forte, on a intercalé au milieu de chaque intervalle des chaises, des tirants supplémentaires ancrés sur l'âme des rails de roulement. Les isolateurs sont fixés aux patins des rails de rainure et prennent place dans des niches recouvertes de tampons en fonte.

Quand la hauteur libre sous la chaussée n'est pas suffisante, on est obligé de recourir à des caniveaux spéciaux dits : semi-réduits, réduits et extra-réduits. Un des grands avantages du caniveau central est de permettre le remplacement des rails de roulement avec une grande facilité et sans construction de voies provisoires. De plus, la rainure du caniveau peut être plus étroite (25 millimètres au lieu de 30 à 35).

La construction du caniveau en voies courantes peut être effectuée de la manière suivante (la durée du travail est indiquée pour une longueur de 100 mètres de voie double) :

Travaux de dépavage et d'enlèvement des anciennes voies (durée : 6 jours).

Travaux de démolition du béton de fondation et de terrassement du caniveau (durée : 7 jours). Les travaux de terrassement comprennent l'exécution d'une rigole de 0 m. 70 de longueur sur 0 m. 40 de profondeur moyenne, avec fouilles spéciales tous les 1 m. 30 pour le logement des chaises de caniveau, et tous les 3 m. 90 pour les niches d'isolateurs.

Travaux de pose de l'ossature métallique et du réglage (durée : 9 jours). Les rails de roulement sont généralement soudés par le procédé aluminothermique.

Travaux de bétonnage (durée : 6 jours). A signaler

que, sur la plupart des chantiers, il a été fait usage de bétonneuses mécaniques.

Travaux d'équipement électrique et de scellement des plaques qui recouvrent les niches d'isolateurs (durée : 4 jours).

Une fois ces travaux terminés, les entrepreneurs de la Ville de Paris appliquent le béton de fondation du pavage et ensuite exécutent le pavage. D'autres ouvrages sont également exécutés en voie courante, notamment les drainages du caniveau.

* * *

Les considérations qui ont guidé la Compagnie des Omnibus dans la détermination des caractéristiques du matériel roulant sont relatives à des questions d'exploitation et principalement d'utilisation de ce matériel par les voyageurs ; leur importance est telle qu'elles doivent primer toutes considérations techniques.

L'impériale présente des inconvénients qui résultent de la difficulté d'accès, du manque de confortable pendant la mauvaise saison, du peu de hauteur des compartiments et de la difficulté de perception du prix des places.

La difficulté d'accès à l'impériale par un escalier exigu et raide a pour effet de retarder la montée et la descente des voyageurs et, par conséquent, d'augmenter très notablement la durée des arrêts.

Cet inconvénient est très important, et quelles que soient les améliorations qu'il serait possible d'apporter pour faciliter l'accès de l'escalier, un temps appréciable sera toujours nécessaire, surtout aux femmes et aux enfants, pour monter et spécialement pour descendre.

Le deuxième inconvénient réside dans le manque de confortable des places d'impériale pendant la mauvaise saison.

On pourrait objecter qu'il est possible d'y remédier,

puisque l'impériale est déjà couverte, en fermant les côtés latéraux par des glaces ; malheureusement, avec un gabarit de 2 mètres de largeur seulement (prescrit par le nouveau cahier des charges) une impériale fermée latéralement rend encore plus difficile aux receveurs le déplacement pour percevoir le prix des places.

L'impériale couverte, mais non fermée latéralement, étant peu confortable pendant la mauvaise saison, les voyageurs la désertent.

Il en résulte deux conséquences fâcheuses : la première, c'est que la capacité de transport de la ligne diminue considérablement, et la seconde, c'est qu'à ce moment on n'offre plus en pratique aux voyageurs que des places de première classe ou un nombre trop restreint de places de seconde classe (l'impériale comportant toujours les places de seconde classe). Un grand nombre de voyageurs désertent ainsi la ligne par suite du manque de place ou pour ne pas prendre des premières classes, et utilisent des moyens de transport concurrents.

Le troisième inconvénient provient du manque de hauteur des compartiments, car on se trouve limité par la hauteur verticale du matériel roulant. On est ainsi conduit à des compartiments peu spacieux et mal ventilés et surtout incommodes, à l'impériale, pour le déplacement des voyageurs. Il est d'ailleurs à noter que, sur certaines lignes, on est limité à une hauteur très réduite par suite des passages sous certains ponts.

Enfin, avec les voitures à impériale, le service des receveurs est certainement plus difficile à assurer dans de bonnes conditions, surtout avec les tarifs sectionnés.

L'impériale présente, par contre, l'avantage très réel de permettre une grande capacité, sans exiger une grande longueur, et, par conséquent, l'emploi de voitures à deux essieux seulement. Cet avantage n'est cependant pas suffisant, et une pratique très longue a montré que les inconvénients précédemment signalés devaient faire donner la préférence aux voitures sans impériale.

* * *

La solution qui donne toute satisfaction au point de vue de l'adhérence est celle de l'emploi de quatre moteurs, un par essieu. Cette solution, très intéressante pour les chemins de fer métropolitains ou même pour certains tramways de grande banlieue, n'est pas économiquement exploitable pour des tramways urbains.

Une autre solution a été adoptée par les tramways sud sur les voitures du groupe du Châtelet ; elle consiste à avoir un boggie à deux essieux moteurs et un boggie porteur. L'inconvénient de ce système est le faible poids adhérent.

Pour avoir une adhérence totale, on a songé encore à accoupler par bielles ou par chaînes les essieux porteurs aux essieux moteurs, mais cet accouplement est délicat et difficile à réaliser.

La Compagnie des Omnibus a été conduite à retenir la solution des boggies à adhérence maximum, qui comporte un essieu moteur et un essieu directeur dont les roues sont de plus petit diamètre, en rapprochant le plus près possible de l'essieu moteur le point de support de la caisse sur le boggie, de façon à augmenter le poids adhérent. Ce système assure aux voitures un roulement très doux et un passage facile dans les courbes de faible rayon, mais l'adhérence n'est pas suffisante pour assurer la remorque d'un attelage dans de bonnes conditions en cas de déclivités supérieures à 3 %.

La Compagnie a alors étudié et construit des trucks à grand empattement (3 m. 60) à deux essieux parallèles, tous deux moteurs.

Les types d'automotrices, que les conditions de forme générale de la carrosserie (suppression de l'impériale),

Fig. 42. — Voiture d'essai à essieux parallèles et plates-formes extrêmes.

Fig. 43. — Automotrice à boggies maximum traction.

Fig. 44. — Automotrice à grand empattement.

Fig. 45.
Voiture d'attelage à boggies à 57 places.

Fig. 46. — Dépôt d'Alfortville (fosses de visite).

de capacité et d'adhérence ont fait adopter, sont les suivants :

a) Automotrice à boggies maximum traction à 54 places ;

b) Automotrice à grand empattement à 49 places ;

c) A titre éventuel, automotrice à plates-formes extrêmes à 45 places ;

d) Voiture d'attelage à boggies à 57 places.

a) Automotrice à boggies maximum traction. — Cette automotrice a une capacité de 54 places, dont 18 debout et 36 assises. Son poids à vide est de 14.800 tonnes.

Les hauteurs d'emmarchement pour accéder à la plate-forme centrale sont de 31 centimètres du sol à la première marche et 25 centimètres de cette marche à la plate-forme.

L'accès de la plate-forme centrale est assuré par des portes doubles coulissantes.

b) Automotrice à grand empattement. — La voiture automotrice à grand empattement est à deux essieux parallèles, tous deux moteurs, d'un empattement de 3 m. 60 ; la capacité est de 49 voyageurs, dont 19 places debout et 30 places assises ; le poids à vide est de 13.500 tonnes ; les hauteurs d'emmarchement pour accéder à la plate-forme centrale sont de 32 centimètres du sol à la première marche et 25 centimètres de cette marche à la plate-forme.

L'accès de la plate-forme centrale est également assuré par des portes doubles coulissantes.

c) Automotrice à plates-formes extrêmes à 45 places. — Les voitures à essieux parallèles à plates-formes extrêmes ont un empattement de 3 m. 25 ; la capacité est de 45 places, dont 15 places debout et 30 places assises ; le poids est de 12.500 tonnes.

Cette voiture a été construite à titre d'essai et elle est éventuellement réservée aux lignes de trafic peu intense.

L'éclairage des automotrices est assuré par deux circuits de 9 lampes en série sur le courant de traction ; dans cet éclairage sont compris les feux de position et les disques des plates-formes extrêmes.

L'éclairage de secours, qui doit fonctionner lorsque l'éclairage principal vient à manquer pour une cause quelconque, telle qu'interruption de courant, dérapement de trolley, coupure des rails de prise de courant du caniveau dans les aiguillages et croisements, etc., est assuré par une petite batterie d'accumulateurs alimentant automatiquement un circuit de secours de lampes à filament métallique fonctionnant en parallèle sous 10 volts. Ce circuit de secours alimente les feux de position et un éclairage intérieur réduit.

Le chauffage est électrique ; il est obtenu au moyen de chaufferettes noyées dans l'épaisseur des planchers des voitures. L'intensité du courant est réglée pour maintenir une température de la face externe de la chaufferette dépassant de 65° la température ambiante.

L'exploitation du réseau municipal comportera environ :

200 voitures automotrices à boggies maximum traction.
450   —   à grand empattement.
400 voitures d'attelage.

La valeur de ce matériel roulant sera d'environ 24 millions de francs ([1]).

([1]) Les renseignements et les illustrations contenus dans ce chapitre sont empruntés à une conférence de M. Martinage, ingénieur en chef de la Compagnie des Omnibus.

PHYSIQUE THÉORIQUE

LA POMPE A VIDE MOLÉCULAIRE

Les perfectionnements des pompes modernes. — La première pompe de M. Gaede. — La nouvelle pompe moléculaire. — Son fonctionnement.

Parmi les appareils indispensables dans un laboratoire scientifique moderne, il faut citer en premier lieu les machines à faire le vide. Nombreuses sont en effet les recherches dans lesquelles il est nécessaire d'opérer sous pression réduite, depuis les préparations de chimie où l'on distille dans le vide, jusqu'aux expériences sur les gaz raréfiés et ultra-raréfiés.

D'une façon générale, les pompes à vide sont basées sur le même principe que celle d'Otto de Guericke dans laquelle un piston solide mobile dans un cylindre enlève à chaque manœuvre une fraction constante de la masse de gaz contenue dans le récipient à vider. Divers perfectionnements de détail ont été apportés à l'appareil primitif. L'étanchéité dans les modèles les plus récents est assurée par une couche d'huile recouvrant les valves, mais la tension de vapeur de cette huile empêche le vide de descendre au-dessous d'une certaine valeur voisine du dix-millième de millimètre de mercure. Dans les pompes à mercure, le piston, au lieu d'être métallique, est formé par une gouttelette de mercure emprisonnant dans un tube de verre une petite quantité du gaz à expulser. Un perfectionnement intéressant consiste à rendre le fonctionnement de l'appareil continu. On y arrive dans certains modèles tels que ceux de Wien et de Kaufmann en utilisant un tube incliné enroulé en spirale qui tourne constamment. Un courant de mercure passant à travers ce tube emprisonne l'air qui parcourt l'hélice et se trouve finalement chassé de l'appareil.

*
* *

M. Gaede a construit, il y a quelques années, une pompe à mercure permettant d'atteindre une pression voisine du cent-millième de millimètre de mercure. Elle

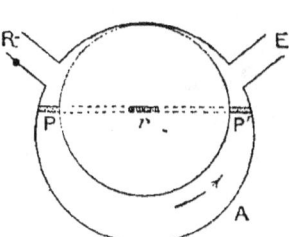

Fig. 47. — Schéma de la pompe de Gaede.

est constituée en principe par un cylindre extérieur A (fig. 47) à demi rempli de mercure dans lequel tourne un second cylindre muni de deux palettes P P' frottant constamment sur le cylindre extérieur sous l'action du ressort r. L'espace intérieur est ainsi divisé en deux chambres qui sont mises alternativement en communication avec le récipient à vider R et l'extérieur E. Le fonctionnement de la pompe nécessite un vide préalable de quelques millimètres de mercure.

* * *

Plus récemment, les résultats de ses belles recherches sur les gaz raréfiés ont conduit M. Gaede à imaginer une pompe dite moléculaire qui fait le vide plus rapidement et mieux qu'aucune pompe actuellement existante. La pression restante, impossible à mesurer tellement elle est faible, est inférieure à 0,0000001 millimètre de mercure.

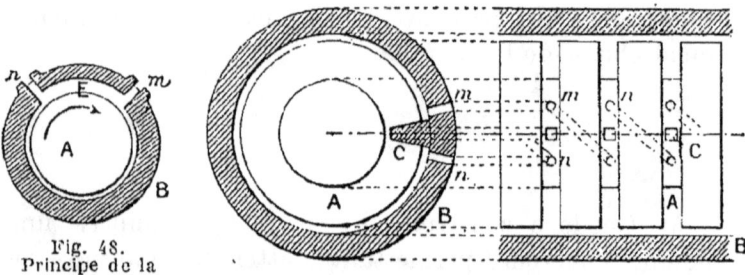

Fig. 48.
Principe de la pompe moléculaire.

Fig. 49. — Plan et coupe de la pompe moléculaire.

La pompe moléculaire est constituée en principe d'un cylindre A (fig. 48) tournant autour de son axe dans une enveloppe B où est pratiqué, en E, un dégagement entre deux ouvertures n et m. En faisant tourner rapidement le cylindre A on constate entre m et n une différence de pression proportionnelle à la vitesse de rotation de A et à la viscosité du gaz. Cette viscosité étant indépendante de la pression, la différence de pression reste constante, tout au moins entre certaines limites. Les rayons de A et de B sont excessivement voisins l'un de l'autre.

En pratique la section droite du cylindre extérieur B présente intérieurement un ressaut C (fig. 49) qui vient presque toucher le cylindre tournant. Le gaz entraîné par le mouvement du cylindre tend à s'accumuler sur une des faces du ressaut et à se raréfier sur l'autre. Près de la première face la paroi du cylindre extérieur est percée d'une ouverture qui la met en communication avec une pompe préparatoire qui abaisse la pression à quelques millimètres et près de l'autre face du ressaut, là où le gaz tend à se raréfier, une autre ouverture communique avec le récipient où l'on veut faire le vide. La pompe comprend plusieurs cylindres connectés. La vitesse de rotation varie de 8.000 à 12.000 tours par minute. L'axe de rotation sort à travers des joues et porte à son extrémité une poulie commandée par courroie. L'ensemble de la pompe, du moteur et du rhéostat de démarrage forme un bloc. Des difficultés de construction ont dû se présenter pour que le passage des axes à travers les joues fût étanche. M. Gaede dit simplement qu'elles ont été vaincues par l'emploi d'un joint dynamique à huile. Il s'agit probablement d'une centrifugation d'huile de graissage qui, sous l'action de la pression atmosphérique, décrit un cycle en assurant l'étanchéité des paliers, mais sans pouvoir, par suite de l'effet de la force centrifuge, pénétrer à l'intérieur de la pompe. C'est pourquoi il est tout à fait indispensable de ne jamais faire le vide préliminaire dans la pompe sans l'avoir préalablement mise en pleine vitesse.

Le fonctionnement de la pompe est le suivant. Tant que le gaz n'est pas très raréfié, c'est-à-dire tant que le libre parcours moyen des molécules, ou le chemin qu'elles peuvent parcourir sans se heurter mutuellement, est petit par rapport à la distance entre les parois en regard des deux cylindres concentriques A et B, la viscosité du gaz seule intervient pour l'entraîner dans le sens du mouvement. Comme nous venons de dire que la viscosité est indépendante de la pression, la *différence* de pression entre les deux faces du ressort sera constante et fonction uniquement de la vitesse de rotation. Si le vide primaire est de 100 millimètres de mercure par exemple, le vide secondaire pourra être de 90 millimètres. Si le vide primaire est de 40 millimètres, le vide secondaire sera de 30 millimètres ; mais si le vide primaire est de 10 millimètres, le vide secondaire ne sera pas 0, car le gaz devenant ultra-raréfié pendant l'opération, le phénomène change d'allure.

En effet, Maxwell a établi théoriquement, et Knudsen a vérifié, que le rebondissement des molécules contre les parois, dans le cas des gaz ultra-raréfiés, c'est-à-dire tels que le libre parcours moyen des molécules soit de l'ordre de grandeur des dimensions du récipient, de la distance entre A et B dans le cas présent, se fait entièrement au hasard par suite des irrégularités moléculaires de la surface contre laquelle les molécules se heurtent. Quand il en sera ainsi, c'est le *rapport* des pressions entre les deux faces du ressort qui sera une fonction déterminée de la vitesse de rotation du cylindre. Si le vide primaire est de 1 millimètre par exemple, le vide secondaire pourra être de 0 mm. 1 ; si le vide primaire est de 0 mm. 1 le vide secondaire sera de 0 mm. 01 et ainsi de suite.

Un tube à rayons X, directement connecté, par un large rodage graissé, sur la pompe moléculaire, permet de bien apprécier la rapidité de son fonctionnement. La pompe préliminaire employée est une pompe Gaëde dite *à enveloppe*, donnant comme vide maximum 0 mm. 01 avec un grand débit. En moins d'une minute, et en partant de la pression atmosphérique, on peut amener un tube à rayons X de 1 litre à valoir plusieurs centimètres d'étincelle. En partant d'une pression de 5 millimètres, on peut, en 10 secondes, lui faire donner 0 m. 15 d'étincelle équivalente.

Au moins pour l'emploi des tubes à rayons X, on aurait donc tout d'abord l'impression que la nouvelle pompe fait trop bien le vide ! Mais on peut régler la pression en adaptant tout simplement à l'ampoule un tube capillaire suffisamment long et fin, ouvert dans l'atmosphère. Il y a là un moyen particulièrement précieux, dans certains cas, pour obtenir des rayons X, et d'une manière générale, un état de l'ampoule d'un caractère parfaitement déterminé. Il suffirait de souder à l'ampoule un jeu de tubes capillaires, tous très fins, mais d'inégales grosseurs et fermés par des robinets communiquant avec l'atmosphère. En ouvrant tel ou tel robinet et en fermant tous les autres, on pourrait obtenir des rayons de telle ou telle dureté, et passer aussi facilement d'un tube mou à un tube dur que d'un tube dur à un tube mou, ce que les régulateurs généralement employés ne permettent pas de faire. Toutefois, cette précieuse propriété ne possède probablement toute sa valeur que pour les pressions inférieures au $\frac{1}{1000}$ de millimètre, à cause de la forme de la courbe de débit indiqué par M. Gaede. Mais ce sont justement les pressions pour lesquelles elle est intéressante.

Le même montage permet de constater avec quelle lenteur les gaz ultra-raréfiés se propagent dans les tubes étroits. Aussi la pompe moléculaire ne possède-t-elle sa pleine efficacité que si elle est reliée aux récipients à vider par des canalisations aussi larges et aussi courtes que possible (25 millimètres de diamètre pour 1 mètre de longueur).

En résumé, le nouvel appareil, qui fait le plus grand honneur à l'inventeur et au constructeur, paraît appelé à rendre de grands services dans les cas où l'on voudra un vide très élevé, sans vapeur de mercure, et avec un grand débit permettant de maintenir des différences de pression entre différentes parties d'un même tube dans lequel la pression moyenne est elle-même très basse. Cet avantage est particulièrement précieux, on le sait, dans certaines recherches modernes, sur les rayons canaux, par exemple.

LA LONGUEUR D'ONDE DES RAYONS X

Les expériences de diffraction lumineuse. — Les réseaux. — Les réseaux moléculaires pour rayons X. — Les expériences de MM. Knipping, Laue et Friedrich.

On admet que les rayons X sont produits par des perturbations de l'éther excessivement rapides et que par suite les ondes qui se propagent dans l'espace ont des longueurs d'ondes excessivement petites ([1]). Il était intéressant de chercher à vérifier cette hypothèse et de déterminer expérimentalement les caractéristiques des ondulations. Mais des difficultés pratiques, qui ont longtemps semblé insurmontables, arrêtaient les physiciens.

En effet, pour mettre en évidence les vibrations constituant les rayons X, il était tout naturel de s'adresser aux expériences qui, en optique, ont établi d'une manière irréfutable l'existence des ondulations lumineuses, et d'essayer de les reproduire avec les rayons X. Ces expériences, classiques aujourd'hui, se rattachent

---

[1] Rappelons que la longueur d'onde est la distance qui sépare deux points voisins de l'espace se trouvant à l'instant considéré dans le même état de vibration.

à deux ordres de phénomènes : les phénomènes d'ondes stationnaires d'une part, dont l'application pratique la plus saisissante est la photographie en couleur de Lippman ; d'autre part, les phénomènes d'interférence et de diffraction. Ce sont particulièrement ces derniers qui ont fourni les vérifications les plus simples et qui sont à l'heure actuelle d'un usage courant en physique.

* * *

C'est Grimaldi qui le premier observa, au XVIIe siècle, la diffraction de la lumière. Ayant fait pénétrer par une petite ouverture la lumière du soleil dans une chambre obscure, il observa que la propagation du rayon au voisinage du bord des objets n'obéit pas aux lois de l'optique géométrique. Les contours de l'ombre apparaissent bordés de franges colorées et, pour les corps de petite dimension, ces franges envahissent l'intérieur de l'ombre géométrique. Il n'est pas nécessaire, pour observer ce phénomène, d'employer des appareils compliqués : il suffit de concentrer au moyen d'une lentille la lumière du soleil ou d'une lampe à arc sur un trou d'épingle percé dans un écran opaque. On reçoit la lumière diffractée sur un second écran blanc placé à 2 ou 3 mètres en arrière du premier. Les franges de diffraction apparaissent au voisinage des contours des corps interposés entre les deux écrans. On peut obtenir des effets remarquables en mettant en suspension dans l'air de la poudre de lycopode ; l'ombre de chaque grain apparaîtra auréolée d'anneaux colorés.

Un grand nombre de phénomènes naturels des plus brillants sont des phénomènes de diffraction : il n'est pas rare d'observer, par un temps brumeux, autour de la lune ou du soleil, des cercles concentriques irisés que l'on nomme *couronnes* et qui sont dus à la diffraction. De même, chacun a pu observer l'apparence lugubre que prennent par temps de brouillard les becs de gaz allumés : chaque flamme est entourée de plusieurs cercles concentriques de colorations fondues et variées. Lorsqu'on regarde à distance une source lumineuse de faible diamètre apparent, telle que la flamme d'une bougie, à travers une mousseline de soie, ou encore un bec de gaz à travers l'étoffe du parapluie ouvert, on aperçoit une croix lumineuse dont la flamme occupe le centre et dont chaque branche est constituée par une série de spectres séparés les uns des autres par des intervalles obscurs. Si l'on fait tourner la mousseline dans son plan, ou si on change l'orientation du parapluie, les branches de la croix tournent de façon à rester parallèles aux deux systèmes de fils rectangulaires qui forment la chaîne et la trame de l'étoffe.

On voit donc ainsi qu'un système formé d'un très grand nombre d'écrans linéaires parallèles, réguliers et régulièrement espacés, décompose par diffraction en une série de spectres la lumière issue d'une fente étroite parallèle aux écrans. Un tel système constitue ce que l'on appelle un *réseau*. On obtient généralement les réseaux en traçant au diamant sur une plaque de verre des traits parallèles équidistants et assez rapprochés pour qu'il y en ait plusieurs centaines par millimètre. Ces appareils remplacent les prismes dans les spectroscopes de précision, car ils présentent certains avantages. Si la lumière incidente est monochromatique, par exemple si c'est la lumière issue d'une flamme d'alcool sodé, on aperçoit une image centrale jaune brillante accompagnée d'images latérales jaunes. Connaissant le nombre de traits du réseau par millimètre, et mesurant la distance angulaire entre l'image centrale et les spectres latéraux, on déduit facilement la longueur d'onde de la radiation considérée.

*
* *

La détermination des longueurs d'ondes par les réseaux est donc très simple, et on pouvait espérer qu'elle s'appliquerait facilement au cas des rayons X.

Malheureusement, il faudrait, pour obtenir un résultat, que, l'on disposât de réseaux dont le nombre des traits par millimètre fût infiniment plus grand que celui des meilleurs réseaux que nous pouvons préparer. Il y avait là une impossibilité matérielle insurmontable. C'est alors que MM. Sommerfeld et Laue se sont avisés que dans la nature, il pouvait exister des réseaux moléculaires, tels que ceux que nécessitaient les expériences sur les rayons X.

En effet, les cristallographes, à la suite de Bravais, admettent qu'un cristal est constitué par des parti-

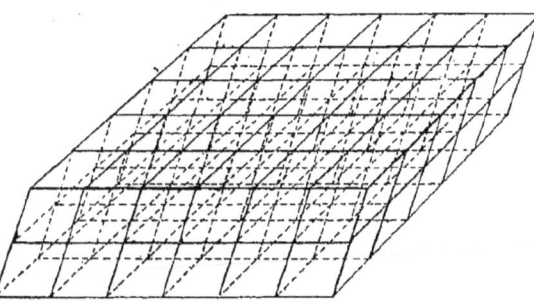

Fig. 50. — Un réseau cristallographique d'après Bravais.

cules identiques les unes aux autres, ayant toutes la même orientation, chacune occupant l'un des nœuds d'un réseau, c'est-à-dire l'un des points où se coupent trois séries de plans parallèles régulièrement espacés. Un plan qui comprend trois nœuds d'un réseau en comprend une infinité, par suite de la régularité de la distribution dans l'espace ; ce sont de tels plans qui constituent les plans de clivage et les faces planes du cristal. La figure 50 représente un réseau cristallographique et la figure 51 une série de nœuds dans un plan. On obtient ainsi des rangées parallèles de molécules situées à des distances mutuelles infiniment petites. Cet ensemble, si l'hypothèse est exacte, constitue donc un réseau, d'une espèce particulière il est vrai, ce que l'on appelle un réseau à trois dimensions, et par suite il doit donner naissance à des phénomènes de diffraction. Comme sa constante, c'est-à-dire l'intervalle qui sépare les lignes, est très faible, il doit convenir pour l'étude des rayons X.

* * *

MM. Friedrich, Knipping et Laue ont alors cherché à vérifier expérimentalement ces conclusions qui, si elles étaient exactes, constitueraient non seulement un moyen de mesure de la longueur d'onde des rayons X

Fig. 51. — La répartition des nœuds cristallographiques dans un plan, d'après Bravais.

mais encore une justification éclatante de la théorie cristallographique de Bravais.

Si l'on opère avec une lame à faces parallèles de 0 mm. 5 d'épaisseur taillée dans un cristal de blende zincifère, on obtient au centre une tache circulaire correspondant au point d'impact du faisceau primaire ; tout autour sont disposées très régulièrement une série de taches elliptiques dues à un rayonnement secondaire. Ces taches sont produites par des faisceaux parallèles, car leurs dimensions respectives sont les mêmes, quelle que soit la distance à laquelle se trouve la plaque. La figure 52 représente schématiquement le trajet de ces faisceaux secondaires.

En examinant les figures obtenues, on y trouve une symétrie évidente qu'une étude plus approfondie permet de caractériser complètement. On retrouve bien ainsi les éléments de symétrie que la cristallographie attribue aux cristaux examinés.

Chacun des cercles concentriques sur lesquels sont disposées les taches, correspond à une radiation de longueur d'onde différente, comme l'ont montré MM. Knipping et Laue.

On peut facilement calculer, d'après la position des points d'interférence, la longueur d'onde de la radiation employée. On trouve ainsi que les longueurs d'onde des rayons X sont de l'ordre de 10^{-9} centimètres, tandis

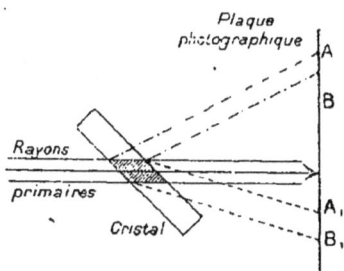

Fig. 52. — Marche des rayons dans l'expérience de MM. Friedrich, Knipping et Laue.

que celles des radiations lumineuses sont de l'ordre de 10^{-6} centimètres. Elles sont donc mille fois plus petites que ces dernières.

Ces expériences sont des plus intéressantes, non seulement par l'ingéniosité qu'elles ont nécessitée de la part de leurs auteurs et par les renseignements qu'elles ont fournis quant à la nature des rayons X, qui doivent être constitués d'ondes d'impulsion non périodiques, tandis que les rayons secondaires ont une certaine périodicité, mais encore par suite de la confirmation éclatante qu'elles fournissent des hypothèses cristallographiques de Bravais. L'existence du réseau cristallin est mise en évidence de la façon la plus remarquable et « l'abstraction théorique », comme le dit sir Olivier Lodge, « devient ici concrète et visible ».

LES EXPÉRIENCES

de Transmutation des Métaux

Les expériences de Ramsay. — Le chaos de la physique moderne. — Réfutation des résultats de Ramsay par Soddy et J.-J. Thomson.

Depuis que l'on a mis en évidence, d'une manière irréfutable, que l'élément chimique dénommé radium se désintégrait et donnait comme produit final un autre élément chimique non moins bien défini, l'hélium, c'est-à-dire depuis que l'on a constaté une transmutation des éléments, les savants modernes ont repris courage, se sont acharnés de nouveau au vieux problème de la transmutation des corps dont la solution était la seule préoccupation des alchimistes leurs ancêtres et dont, chose curieuse, la chimie moderne est issue.

Mais la foi de nos contemporains en la solution du problème est parfois trop grande et, chaque année, une découverte sensationnelle et bruyamment présentée nous apprend que l'on a pu passer d'un corps à un autre..., quelques mois s'écoulent et une seconde communication moins retentissante annonce que l'on s'est trompé. 1913 n'a pas manqué à cette tradition.

**

Sir William Ramsay, l'illustre physicien qui a trouvé les gaz de l'air, a annoncé qu'il avait créé deux gaz, le néon et l'hélium en bombardant par des rayons cathodiques divers corps, en particulier l'hydrogène raréfié. Ce résultat n'est pas incroyable, mais l'explication fournie par Ramsay, Collie et Paterson l'est plus : pour eux, il ne fait pas de doute que l'énergie du rayonnement cathodique s'est matérialisée en donnant de l'hélium et du néon, à moins que les molécules d'hydrogène et d'oxygène contenues dans le tube, sous l'influence du bombardement, ne se soient désagrégées et combinées pour donner les molécules des gaz observés.

Ceci a semblé nouveau, et a rempli d'aise tous ceux qui ne croient plus à la matière, la rayent du monde et la remplacent par de l'énergie, la masse qui est cependant pour nous la preuve irréfutable, semble-t-il, de l'existence de cette matière qu'ils nient, étant simplement une illusion due à des actions électromagnétiques. Quelque bizarre que puissent sembler ces propositions, elles sont pourtant parmi les plus courantes de la physique ultra-moderne qui cherche sa voie et fait en science ce que les *futuristes* font en peinture. On nous propose des théories échevelées ; les notions les plus simples et les mieux assises, apparaissent soudain, à la lumière de ces théories, des abimes de complexité, des mondes d'inconnu, des gouffres dans lesquels la raison est bien près parfois de sombrer, ou peut-être de simples marais dans lesquels, faute d'un fil conducteur, les savants pataugent lamentablement. Pourquoi ? C'est parce que la physique moderne a découvert un grand nombre de faits nouveaux en électricité et en optique touchant la constitution de ce que l'on désignait sous le nom d'atome et que l'on croyait, il y a quelques années encore, très simple. Les résultats actuels semblent nous révéler dans cet atome un monde aussi complexe qu'un système solaire, où l'électricité, portée par des électrons, joue un rôle prépondérant. Pour interpréter les expériences, on est conduit à faire sur cet atome les suppositions les plus bizarres : les électrons sont rigides, pour les uns ; pour d'autres, au contraire, ils se contractent lorsqu'ils sont en mouvement, leur nombre est essentiellement variable suivant les auteurs, etc... Ce n'est pas étonnant, on n'a qu'à regarder le spectre d'un métal comme le fer pour se rendre compte en voyant les milliers de raies spectrales qui le composent, en observant leurs déplacements inégaux sous les influences extérieures : pression, champ magnétique, etc., de la complexité de ce que nous appelons du nom générique de fer.

Les grandes vitesses atteintes dans les expériences sur les rayons de toute espèce nés depuis 10 ans : rayons α, β, γ, δ, rayons X, rayons cathodiques, rayons canaux, rayons primaires, rayons secondaires, rayons mous, rayons durs, rayons pénétrants, etc., jusques et y compris les douteux rayons N, V et F ont forcé aussi à modifier la mécanique newtonienne, qui semble bien ne plus être valable que pour les faibles vitesses inférieures à quelques dizaines de mille kilomètres par seconde ; la masse et le temps sont sortis de cette revision bien déformés et doués de propriétés nouvelles et éminemment curieuses, auxquelles nombre de gens refusent de croire.

La vérité est que nos hypothèses anciennes craquent, les cadres tracés par Maxwell et ses successeurs éclatent sous la poussée des faits nouveaux. C'est la débandade, la débâcle momentanée, jusqu'à ce qu'une hypothèse nouvelle et simple permette de construire un nouvel édifice commode et harmonieux dans lequel tous les faits actuellement connus tiendront à l'aise.

* *
*

Quoi qu'il en soit, Ramsay et ses élèves avaient annoncé au début de 1913 qu'ils avaient matérialisé le rayonnement, créé deux corps de toutes pièces. Malheureusement, la nouvelle est probablement fausse et c'est J.-J. Thomson qui l'a démontré.

M. Soddy a fait connaître que, depuis longtemps, il avait constaté la présence de l'hélium et du néon dans les tubes à vide et les ampoules cathodiques ; en 1908 il montra que ces gaz se dégageaient des électrodes d'aluminium dans lesquels ils étaient occlus. On sait, en effet, que les gaz sont solubles, à des degrés différents d'ailleurs, dans les métaux fondus. L'hélium et le néon sont parmi les plus faciles à dissoudre ainsi et cette propriété est utilisée d'ailleurs pour leur préparation. Il n'y a donc rien d'étonnant à ce que, sous le bombardement cathodique ou sous l'action des décharges électriques, les gaz qui sont restés emprisonnés mécaniquement dans les électrodes, soient libérés.

Sir J.-J. Thomson est arrivé aux mêmes conclusions : les gaz sont *libérés* et non *engendrés*. Il signale d'ailleurs qu'il a trouvé par des expériences très précises, non seulement de l'hélium et du néon dans les tubes à vide, mais encore deux autres gaz inconnus, de poids atomique 3 et 10 et qui semblent être dus à la polymérisation de l'hydrogène, comme l'ozone est due à la polymérisation de l'oxygène.

D'après J.-J. Thomson, on a pu, à l'heure actuelle, réaliser des désintégrations en partant d'atomes lourds qui, par perte d'électrons, donnaient des corps à poids atomiques plus faibles, mais jusqu'à présent l'opération n'a pu être faite en sens inverse. Comme dans beaucoup d'autres cas, l'homme peut détruire, il ne sait pas reconstruire.

PHYSIQUE INDUSTRIELLE

LA COMBUSTION

AU

CONTACT DES SURFACES

Le problème de la transmission de la chaleur. — La théorie et la pratique. — L'explication par la théorie cinétique. — Les chaudières à circulation intensive des gaz. — Les expériences de M. Bone. — Le chauffage économique des chaudières. — La fusion des alliages et des métaux.

Le problème de la transmission de la chaleur a une importance pratique considérable, et cependant à l'heure actuelle on n'a que fort peu de renseignements précis sur cette question. Les grands moteurs à gaz et à explosion transforment en travail utile jusqu'à 30 % de l'énergie qu'ils reçoivent, tandis que les meilleures machines à vapeur ne dépassent guère un rendement de 15 %. On peut dire, en effet, qu'un moteur à gaz est une machine à vapeur dans laquelle la chaudière et le foyer sont à l'intérieur du cylindre. On comprend alors l'avantage, au point de vue du rendement, des moteurs à explosion sur les machines à vapeur dans lesquelles 20 à 40 % du charbon brûlé est inutilisé, la chaleur dégagée étant perdue par les gaz de la cheminée. A cette cause de pertes énormes vient s'ajouter la difficulté que l'on éprouve à faire pénétrer à l'intérieur de la chaudière les calories produites dans le foyer.

* * *

Le problème de la transmission de la chaleur est loin d'être aussi simple qu'il le paraît *a priori*. Dans les théories classiques, dues à Fourier, on établit que le

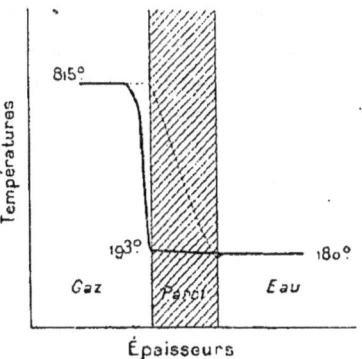

Fig. 53. — Chute de température au voisinage d'une paroi.

flux de chaleur, c'est-à-dire le nombre des calories qui passent par seconde à travers une plaque dont les deux faces sont maintenues à des températures données, est proportionnel à la différence de ces températures, inversement proportionnel à l'épaisseur traversée et qu'il varie avec la nature du métal de la paroi.

Si on calcule le flux pour une plaque d'acier forgé de 1 centimètre d'épaisseur dont les deux faces sont à 815° et 180°, on trouve qu'il est égal à 388.620 calories par heure et par centimètre carré, ce qui correspond à une production d'environ 450 kilogrammes de vapeur, soit 200 à 300 fois plus qu'on n'en obtient pratiquement.

En effet, l'expérience montre qu'il n'y a pas plus de 2 kg. 25 à 2 kg. 75 de vapeur produite par heure ce qui correspond à l'absorption de 2250 calories environ. En appliquant la théorie, la différence de température, calculée d'après ces résultats entre les deux surfaces de la plaque, n'est guère que de 4° à 5°. Si l'on admet que la température de l'eau au contact de la plaque soit 180°, il doit donc exister une chute de plus de 600° entre la température du gaz et celle de la paroi en contact.

Ces faits sont résumés dans la figure 53. Les températures sont portées en ordonnées, l'épaisseur de la plaque, l'espace gazeux et l'espace liquide en abscisses. La ligne pointillée correspond au cas théorique, la ligne continue représente les résultats de l'observation.

La chute considérable de température entre le gaz et la surface en contact peut s'expliquer par l'existence de deux pellicules, gazeuse d'un côté, liquide de l'autre, au travers desquelles la chaleur ne se propage que difficilement.

* * *

D'après la théorie cinétique, tous les corps sont constitués par des molécules animées d'un mouvement vibratoire rapide, dont l'amplitude est proportionnelle à la racine carrée de la température absolue (la température centigrade augmentée de 273°). La surface de la plaque est rugueuse et poreuse à l'échelle moléculaire et les particules du gaz en mouvement dans son voisinage viennent sans cesse la frapper. Un grand nombre de ces particules sont emprisonnées dans les pores de la surface, et, par suite, leurs vibrations sont amorties par le choc contre les molécules du métal animées d'un mouvement vibratoire moins intense.

Au bout d'un certain temps, par suite de leur agitation perpétuelle, les molécules du gaz quittent la surface, mais elles n'ont plus alors que l'amplitude moyenne de vibration des molécules du métal, beaucoup plus faible.

Si tout le gaz est en mouvement par rapport à la plaque, il y aura donc une couche de molécules au voisinage de la plaque dont l'état vibratoire sera inférieur à celui du reste du gaz. A mesure que l'on s'éloigne de la paroi, le phénomène s'atténue et disparaît à une certaine distance. Le gaz peut donc être assimilé à une série de feuillets d'épaisseur infiniment petite, parallèles à la plaque, glissant l'un sur l'autre et dont les vitesses diffèrent infiniment peu.

Dans ces conditions, malgré la grande vitesse des molécules du gaz, ce n'est que très lentement que ses propriétés se transmettent à la surface métallique.

On peut ainsi expliquer l'existence d'une chute considérable de température entre les parois d'une chaudière et les gaz qui se meuvent lentement à son contact et l'échec des tentatives de substitution du cuivre au fer, ou des tubes minces aux tubes épais dans les chaudières, dans l'espoir d'une meilleure conductibilité de la chaleur.

Ce que nous venons de dire ne s'applique que pour les faibles vitesses. Au contraire, dans les chaudières à carneaux le mouvement des gaz est plus violent, des tourbillons peuvent prendre naissance et venir déchirer la mince pellicule adhérente à la paroi. Le transport de la chaleur sera donc d'autant meilleur que la vitesse des gaz sera plus grande. Dans ces conditions, en effet, on substitue la *convection* à la *conduction*. Le phénomène est parallèle à celui que nous observons dans les liquides.

Les constructeurs de chaudières ont eu jusqu'à présent une conduite analogue à celle d'un buveur qui, sucrant une tasse de thé, au lieu de se servir d'une cuillère, compterait sur la diffusion pour répartir le sucre dans toute la masse.

* *

D'après de nombreuses expériences, dont le retentissement a été considérable, surtout en Angleterre et en Amérique, l'augmentation de vitesse semble avoir le même effet qu'une augmentation de la surface de chauffe et la quantité de chaleur transmise est d'autant plus grande que les gaz se déplacent plus vite et qu'ils restent moins longtemps en contact avec la surface des parois. On est ainsi conduit à la réalisation de types de chaudières différant notablement de ceux actuellement existants et dont nous décrirons, à titre d'exemple, celui dû à M. Allen.

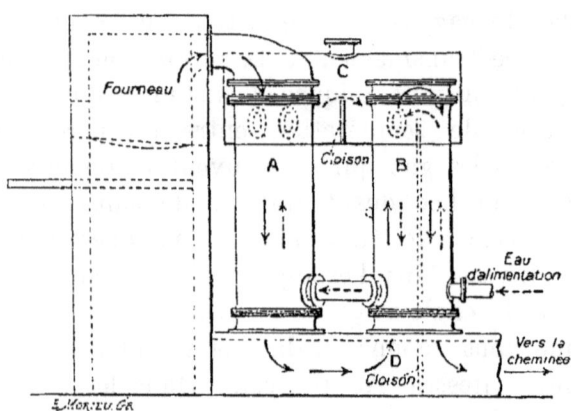

Fig. 54. — Chaudière à circulation intensive.

La chaudière se compose (fig. 54) de deux cylindres A et B contenant des tubes de 3 centimètres de diamètre intérieur, fixés à deux diaphragmes placés à leurs extrémités. Le cylindre B est de plus divisé verticalement par une cloison D destinée à augmenter le parcours de l'eau d'alimentation. Le parcours des gaz et de l'eau est indiqué sur la figure, les flèches en traits pleins indiquant le parcours des gaz, celles en traits ponctués celui de l'eau. Le cylindre horizontal C, collecteur de vapeur en communication avec les deux cylindres A et B, est placé à la partie supérieure de l'appareil, ainsi que le foyer.

Il semble donc que les nouveaux travaux sur la conduction de la chaleur, dus en particulier au professeur Nicholson, doivent conduire à une meilleure utilisation des calories produites dans le foyer des chaudières modernes.

* * *

Dans une autre direction, M. Bone vient de faire de très intéressantes recherches sur la combustion sans flamme des gaz dont les résultats pratiques méritent d'être signalés. Voici ces expériences d'après un article du professeur Bone lui-même :

Si on injecte, ou si on force à travers une paroi poreuse un gaz ou un mélange gazeux combustible et qu'on l'enflamme, il se produit, au contact de la face de sortie, une combustion très vive maintenant la paroi incandescente, sans que les couches de gaz à l'intérieur de la paroi brûlent. Le fait était connu depuis longtemps dans les laboratoires, mais n'avait pas encore été l'objet d'études entreprises en vue d'une application pratique. Le nouveau procédé de chauffage auquel il conduit est caractérisé par ce que le mélange combustible est brûlé au contact d'une surface granuleuse incandescente, sans qu'il se forme de flamme ; par suite une grande partie de l'énergie potentielle du gaz est immédiatement et intégralement transformée en chaleur. On peut en plus, grâce à ce procédé, concentrer la chaleur au meilleur endroit, réaliser une combustion parfaite, des températures élevées sans avoir besoin des dispositifs de régénération habituellement employés qui sont encombrants et coûteux.

Le gaz G sous pression filtre à travers une paroi P constituée, par exemple, comme l'indique la figure 55, par des morceaux de briques maintenus dans une armature. En principe, la nature de la matière qui constitue la membrane est indifférente ; elle ne s'use, en effet, que d'une manière insensible ; il suffit qu'elle reste poreuse, c'est-à-dire qu'elle ne puisse se vitrifier sous l'influence de la température.

Pour mettre l'appareil en marche, on allume le gaz à la sortie du diaphragme, puis on envoie de l'air ; la flamme diminue peu à peu, atteint la surface qui rougit et forme une paroi de feu. La combustion est confinée dans une couche de quelques millimètres d'épaisseur et la main peut être maintenue sur la face externe de l'appareil.

La combustion des gaz est totale bien qu'elle ne s'accomplisse que dans des limites si étroites, car, si les

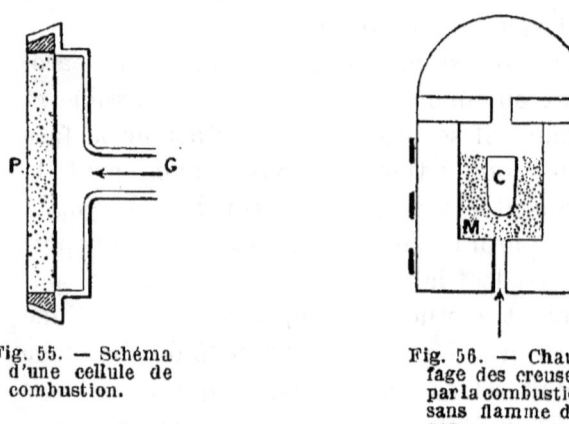

Fig. 55. — Schéma d'une cellule de combustion.

Fig. 56. — Chauffage des creusets par la combustion sans flamme des gaz.

proportions ont été convenablement choisies, il ne s'échappera pas de gaz combustible de la surface. On peut faire varier instantanément la température de la surface incandescente en modifiant la composition du mélange gazeux. Ce point est important dans les cas où il s'agit de pouvoir régler minutieusement une température.

La température de la surface d'un diaphragme alimenté par un mélange de gaz d'éclairage et d'air avec une vitesse donnée, dépend de la manière dont le rayonnement de la surface est empêché ou non. Avec un rayonnement libre, on peut maintenir la surface à une température de 850° environ.

La méthode au diaphragme est applicable à tous les gaz combustibles, gaz de gazogènes dilués ou non avec du gaz à l'eau, gaz naturel, gaz à l'air carburé, gaz à l'eau carburé, etc., qui peuvent être employés utilement là où on peut se servir d'un rayonnement intense. Enfin, l'incandescence ne dépend pas de l'atmosphère extérieure, quand le diaphragme a été amené à l'incandescence, et que le mélange d'air et de gaz, dans la chambre, est convenable, la surface maintient sa température même quand on plonge l'appareil dans une atmosphère d'acide carbonique.

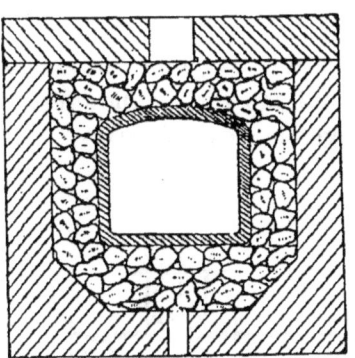

Fig. 57. — Chauffage d'un four à moufle.

Un deuxième procédé s'applique à tous les combustibles gazeux ou en vapeur. Il consiste essentiellement en ceci : le mélange explosif de gaz ou de vapeur et d'air arrive par une ouverture au sein d'une masse de matériaux granulés, qui est en contact immédiat avec le corps à chauffer. La vitesse du courant gazeux est réglée de telle sorte qu'elle soit plus grande que la vitesse de combustion du mélange dans la conduite d'amenée, pour éviter les retours de flamme. Ce système s'applique aux fours à moufles ou aux fours de fusion.

Le four de fusion renferme un lit de matériaux réfractaires granulés chauffés au rouge ; le mélange d'air et de gaz est amené avec une assez grande vitesse par une ouverture placée à la partie inférieure et d'un diamètre assez étroit. Dès que le mélange arrive en contact avec les granules incandescents, la combustion sans flamme se produit.

La surface où la combustion est la plus intense se trouve à la partie inférieure ; les gaz chauds en s'échappant circulent dans les intervalles laissés entre les produits réfractaires qu'ils échauffent en les rendant incandescents. La figure 57 montre ce dispositif adapté à un four à moufle.

*   *   *

Mais l'application la plus intéressante est sans contredit le chauffage des chaudières tubulaires et la fusion des alliages et des métaux.

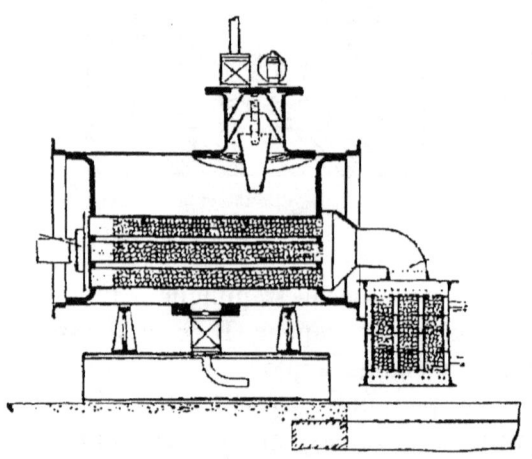

Fig. 58.

La figure 58 représente une chaudière cylindrique traversée horizontalement par une série de tubes d'acier de 1 mètre de longueur et d'un diamètre de 7 cm. 5. Ces tubes sont remplis de matériaux réfractaires appropriés et de grosseur convenable. A la partie antérieure, ces tubes sont fermés par un tampon réfractaire percé d'un conduit circulaire de 2 centimètres de diamètre. Ce tampon a pour but d'abord de refroidir la partie antérieure des tubes, et ensuite de forcer le courant gazeux à traverser une ouverture de petit diamètre ce qui lui donne une vitesse suffisante pour empêcher le retour de flammes dans le mélange combustible de gaz et d'air. A la partie avant de la chaudière se trouve une chambre où se produit le mélange des gaz ; celui-ci renferme un peu plus d'air qu'il n'est réellement nécessaire théoriquement. Le mélange arrive à travers les tampons, dans les tubes horizontaux vers les substances réfractaires chauffées, soit par compression, soit par aspiration. La combustion du mélange au contact de la substance inerte est très rapide et déjà après un parcours de 15 centimètres, elle est terminée. Il en résulte que la matière poreuse se trouve dans le commencement des tubes, portée à une température très élevée, bien que par le contact de ces parties avec les parois qui sont refroidies par l'eau, la température des tubes ne puisse jamais aller jusqu'au rouge.

Quand la combustion est terminée, la colonne de matière réfractaire, oblige les gaz brûlés à parcourir lentement leur chemin et les amène fréquemment au contact des parois. La vitesse avec laquelle les gaz pénètrent dans l'appareil correspond à environ 3 mètres cubes de gaz d'éclairage plus environ 6 fois ce volume d'air pour chaque tube, ou bien à un volume correspondant à cette énergie calorifique de tout autre gaz. Dans la chaudière à 10 tubes qui a servi aux premiers essais, la consommation a été de 30 mètres cubes à l'heure plus environ 170-180 mètres cubes d'air.

On a mesuré la température des fumées au sortir des tubes de l'appareil ; celle-ci n'a jamais dépassé de 70° la température de l'eau dans la chaudière laquelle dépend évidemment de la pression qui règne dans cette chaudière. Cette température est de beaucoup inférieure à celle que présentent les gaz, dans la combustion habituelle avec les chaudières tubulaires. Mais pour

— 133 —

augmenter encore le rendement en vapeur, les produits de la combustion sont amenés dans un réchauffeur tubulaire où l'eau d'alimentation s'échauffe, et qui est construit d'après le même principe que la chaudière.

On a pu, ainsi, abaisser la température des fumées qui s'échappent du réchauffeur aux environs de 100°.

* * *

Il est évident que le principe illustré dans l'exemple de la chaudière, peut recevoir de nombreuses applications, par exemple : servir à la concentration de solutions et au chauffage des liquides en général, au chauffage de

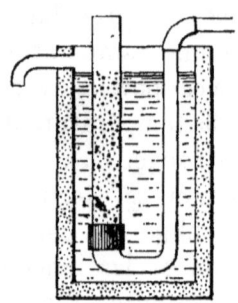

Fig. 59.

grands volumes d'air et à la fusion des métaux facilement fusibles ou des alliages.

La méthode s'applique, en général, à tous les métaux et alliages dont le point de fusion est situé en dessous de 600°. La figure 59 représente un récipient en fer rempli par du plomb chauffé à environ 50° au-dessus de son point de fusion. Dans le bain de métal fondu se trouve un tube en fer de 0 m. 70 de long et d'un diamètre intérieur de 7 cm. 5. Ce tube est rempli comme un tube de chaudière, par une matière granulée et muni d'un dispositif convenable pour l'admission du mélange gazeux explosif, constitué par de l'air et du gaz d'éclairage, qui doit être brûlé dans ce tube. Lorsque l'appareil a été mis en fonctionnement, il peut marcher jour et nuit pendant plusieurs jours sans interruption. On alimente le récipient en y projetant du plomb solide, et le métal fondu peut être évacué au moyen d'une tubulure latérale. On a fait des essais avec des bacs contenant plus de 8.000 kilogrammes de métal et dans lesquels se trouvaient disposés plusieurs tubes à combustion.

Avec un tel dispositif, on peut fondre le plomb et les alliages, non seulement très rapidement, mais encore d'une manière très avantageuse.

* * *

On voit par cette rapide revue combien le problème du chauffage industriel est complexe et combien fructueuses sont les tentatives de M. Bone.

AVIATION

L'AVIATION EN 1913

Les expériences de Pégoud. — La traversée de la Méditerranée. — La sécurité en aéroplane : le stabilisateur Moreau. — La question des parachutes. — Les expériences de Pégoud. — L'avenir des parachutes.

S'il est une branche de l'activité humaine qui se soit développée avec une vitesse fantastique, c'est bien l'aviation. On cite généralement l'électricité comme modèle de transformation et de mise au point rapide, mais il a fallu un demi-siècle pour arriver à une perfection presque complète. On peut espérer que pour l'aviation quelques lustres seulement suffiront. Les progrès accomplis en 1913 semblent bien l'indiquer.

Ce qui caractérise l'année qui vient de s'écouler, c'est, d'une part, la mise au point parfaite des moteurs, des commandes et des appareils, capables d'accomplir des randonnées fantastiques comme celles auxquelles donna lieu la coupe Michelin, où, pendant des heures et des jours entiers, les appareils ont tourné avec une régularité mathématique sans un accident, sans même un incident, malgré la violence du vent, malgré la pluie, malgré les efforts brusques demandés aux moteurs, ou comme celle de Garros franchissant à travers la Méditerranée, sans escale et sans même se faire convoyer, la distance qui sépare la France de la Tunisie. Ce qui frappe aussi lorsqu'on repasse tous les exploits que cette année a vu s'accomplir, c'est la prise de possession définitive de l'appareil par son pilote. Il semble que jusqu'à présent on ne connaissait qu'imparfaitement ce dont étaient capables les avions construits par les ingénieurs. Prévus pour effectuer certains mouvements, pour fonctionner dans certaines conditions, il s'est trouvé, par un heureux hasard, un hasard véritablement providentiel, que ces appareils peuvent accomplir beaucoup plus qu'on ne pensait à leur demander et c'est à Pégoud, jeune pilote rempli d'une audace intrépide, que revient l'honneur de l'avoir prouvé.

On peut en effet parfaitement, ainsi qu'il l'a péremptoirement démontré, voler la tête en bas, effectuer une descente suivant une verticale, c'est-à-dire se laisser tomber avec une vitesse effroyable, et pourtant se redresser et ramener l'appareil à la position normale. On peut aussi glisser sur l'aile sans pour cela courir à la catastrophe et les cabrioles que l'on vit, hélas, effectuer à des appareils désemparés, dont les pilotes avaient été précipités de leur siège sur le sol, peuvent être répétées à volonté et sans péril par des aviateurs résolus. Ainsi s'affirment des qualités de stabilité que l'on n'osait espérer et qui, jointes aux vitesses énormes que l'on réalisa et qui voisinent avec les 200 kilomètres à l'heure, font de l'aéroplane un instrument de plus en plus souple, de plus en plus maniable, de plus en plus sûr.

Mais le développement même de l'aviation a amené, conséquence fatale, une augmentation des accidents mortels déjà trop nombreux au livre des martyrs de l'aéronautique : remous imprévus, accidents de moteur, ruptures de pièces essentielles de l'armature, habileté plus ou moins grande des pilotes, voilà autant de causes possibles d'accidents, voilà le danger permanent auquel il reste encore à parer.

De nombreux chercheurs se sont attachés à la solution de ce problème et, en 1913, des résultats ont été obtenus qui permettent d'entrevoir le temps où ce dernier risque de l'aviation aura disparu. On a suivi deux voies fort différentes mais qui semblent également sûres : l'une consiste à rendre automatique la stabilisation de l'avion, de façon à ce que, sans l'intervention du pilote, l'appareil se redresse au vent et effectue les manœuvres nécessaires ; l'autre, plus terre à terre peut-être, mais plus sûre jusqu'à présent, consiste à munir l'aéroplane d'un dispositif parachutal tel que l'aviateur soit, en cas de chute de l'appareil, déposé sur le sol à une faible vitesse.

*
* *

La question des stabilisateurs n'est pas neuve et le nombre des systèmes proposés est déjà fort grand sans que la solution parfaite ait été entrevue : toujours le stabilisateur cesse de fonctionner lorsque l'appareil qui le porte prend une position anormale, c'est-à-dire justement quand il est le plus nécessaire que le dispositif agisse efficacement. Parmi les meilleurs des stabilisateurs proposés et expérimentés, il faut citer le Doutre, connu de tous ceux que l'aviation intéresse, et le stabilisateur Moreau qui constitue une nouveauté des plus intéressantes et dont l'efficacité a été démontrée expérimentalement ; en effet, le 25 septembre, à Melun, Moreau a réalisé devant un jury compétent les obligations que comportait le règlement d'un prix créé par la Ligue Nationale Aérienne pour la stabilisation automatique.

L'épreuve consistait à parcourir, à bord d'un aéroplane quelconque, une distance de 20 kilomètres au moins sans toucher aux commandes de gauchissement, de descente et de montée.

Ayant à son bord le lieutenant aviateur Lafon, Moreau a réalisé les conditions imposées. Il a volé pendant vingt-sept kilomètres dans les conditions requises, n'ayant à sa disposition que son gouvernail de direction. Il est resté à une altitude de 100 mètres environ. Le vent était de 7 mètres à la seconde.

L'aérostable Moreau se compose d'une paire d'ailes formant un seul plan posé sur un bâti muni d'une queue stabilisatrice plane et de grande surface portante (9 mètres carrés). Il rappelle assez la forme d'un corbeau planant.

Le système automatique qui assure à l'appareil la stabilité longitudinale est constitué par un siège oscillant suspendu par une agrafe au milieu du plan des ailes. Il joue le rôle d'un véritable pendule dont la masse oscillante serait l'aviateur. La base du siège et la queue stabilisatrice sont rendues solidaires lorsque l'appareil est en vol. Par suite, à tout déplacement du bâti de l'appareil par rapport au siège de l'aviateur, qui est toujours sensiblement vertical, correspond un déplacement angulaire de la queue stabilisatrice qui automatiquement rétablit l'équilibre. Un dispositif spécial permet de bloquer le système équilibrant en solidarisant le siège et le bâti. On utilise cet organe au départ et à l'atterrissage ainsi que dans tous les mouvements brusques dus aux rafales assaillant l'appareil. On a ainsi un système à la fois automatique et libre qui permet de conduire l'appareil à la montée et à la descente à son gré, l'automatisme étant rétabli lorsque la position correspond à l'angle de vol voulu, ce qui permet de lâcher complètement les commandes.

Quant à la stabilité transversale, elle est obtenue par la forme spéciale des ailes d'une part et, d'autre part, grâce à l'abaissement du centre de gravité qui se trouve bien en dessous du plan des ailes. C'est un avantage considérable. Bien que l'aérostable ne soit pas encore assez sensible et n'obéisse pas suffisamment vite aux impulsions brutales, le principe appliqué par M. Moreau est excellent, il suffit de le perfectionner.

∗ ∗

Une autre façon d'assurer la sécurité des aviateurs est,

nous l'avons dit, de munir l'appareil d'un parachute. Bien que ces appareils ne soient pas récents, on les connaissait dans l'antiquité et la liste serait longue, dans les temps modernes, de ceux qui les ont utilisés ou expérimentés, ce n'est guère qu'en 1910 que l'idée de les employer pour la sécurité des aéroplanes semble avoir été sérieusement envisagée pour la première fois. Le problème est moins simple qu'on ne le pense, les conditions d'utilisation de l'appareil sont très particulières et si nettement différentes de celles réalisées dans les expériences ordinaires, que les essais ont souvent été infructueux.

En effet, en temps ordinaire, le parachute est placé au départ dans une position commode lui permettant de s'ouvrir facilement ; il part du repos, sa chute s'accélère légèrement et il se déploie lentement, se gonflant peu à peu sous l'action du vent qui s'y engouffre.

Il n'en est plus de même lorsqu'il est attaché à un aéroplane dont le pilote aura besoin de son secours dans un grand nombre de cas, soit que l'appareil capote, pique exagérément vers le sol ou au contraire glisse sur une aile. Ici la position d'ouverture n'est pas choisie d'avance ; il faut que le parachute fonctionne dans n'importe quelle position ; c'est une première difficulté.

Il faut aussi qu'il se déploie sans aléa aux vitesses énormes voisines de 200 kilomètres à l'heure dont sont animés nos modernes aéroplanes, véritables bolides, et voilà encore une grosse différence avec le mode d'emploi ordinaire de ces appareils.

Enfin il est indispensable que le système protecteur fonctionne assez rapidement pour être immédiatement efficace. Un parachute qui ne se déploierait qu'après 300 ou 400 mètres de chute constituerait une protection absolument illusoire.

En résumé, il faut que le parachute s'ouvre quelles que soient la position, la vitesse et la hauteur de l'avion auquel il est attaché. Les conditions du problème étant ainsi posées, on peut ranger en trois catégories principales les appareils proposés pour le résoudre.

Il y a d'abord les parachutes vêtements qui doivent s'ouvrir sous l'action du vent et qui n'ont jamais donné de résultats, ils ont même causé la mort d'un inventeur, Reichel, qui s'était laissé tomber du premier étage de la Tour Eiffel. Ce système est absolument condamnable ; non seulement il manque de stabilité, le centre de gravité du pilote étant trop près de la surface parachutale, ce qui peut amener un capotage complet et une chute foudroyante, mais encore il est impossible de donner au vêtement des dimensions suffisantes pour que la surface portante développée atteigne les 60 mètres carrés minima qui sont nécessaires pour qu'un poids de 75 kilogrammes descende à une vitesse de 4 à 5 mètres à la seconde.

Une seconde catégorie d'appareils peut être appelée appareils rigides. La surface portante est supportée par une tige métallique rigide solidaire de l'aéroplane. Somme toute, ce sont les parachutes parapluies, qui n'ont jamais donné de bon résultat, leur ouverture nécessitant une position spéciale de l'avion et leurs dimensions, à moins d'un poids excessif, n'étant pas suffisantes.

Les parachutes seuls ont donné des résultats et, tout récemment, le parachute Bonnet, dans une expérience audacieuse accomplie encore par l'aviateur Pégoud, s'est comporté de façon entièrement satisfaisante. Voici, d'après des témoins oculaires, le récit de la tentative du 20 août :

« On vit au loin le monoplan prendre sa hauteur et
« venir se placer au-dessus du couloir de la vallée de
« Châteaufort.

« Pégoud, qui se tenait entre 200 et 250 mètres, fit
« un salut de la main et mit son appareil face au vent.

« Puis soudain on vit le couvercle du logement du

« parachute se disloquer et les deux panneaux se pré-
« cipiter vers le sol.

« Alors, après quelques secondes, on distingue une
« sorte de fumée blanche qui flotte à l'arrière de l'appa-
« reil. Elle s'allonge. C'est un lambeau de toile qui cla-
« que au vent, puis le parachute que remorque le mono-
« plan semble grossir. Il s'étend ; enfin il s'éploie.

« La scission est faite ! Pégoud, soutenu par le para-
« chute, forme dans l'air un point qui semble gigoter.
« Puis le gigantesque parapluie emmenant l'homme
« poussé par le vent qui souffle en rafale, s'en va lente-
« ment, régulièrement, sans secousse, vers un lieu d'at-
« terrissage inconnu. Il descend sans se presser, plane
« au-dessus de la route de Chevreuse, et va s'abattre
« doucement sur un bois.

« Le spectacle angoissant de l'homme quittant si
« hardiment sa machine et se confiant au parachute
« indolent avait duré une dizaine de secondes.

« La vision de l'aéroplane livré à lui-même fut étrange.

« D'abord le monoplan, dont le moteur avait été
« arrêté par Pégoud, semble immobile. Après que l'hé-
« lice a terminé sa rotation, il se met en descente, et
« alors commence une danse prodigieuse. Le monoplan
« se relève, se cabre tout en virant à gauche, retombe,
« remonte, fait un troisième plongeon, il tourne sur
« lui-même, accomplit un *looping the loop* remarquable
« et remonte une dernière fois pour s'abattre sur le
« sol, à quelque cent mètres du lieu où Pégoud s'est
« accroché aux arbres. »

Ce récit est intéressant, car il met bien en évidence
deux faits caractéristiques : l'un, sur lequel nous allons
revenir, est la soudaineté du développement du parachute ; l'autre, auquel nous avons déjà fait allusion,
est la trajectoire suivie par l'aéroplane abandonné à
lui-même : comme dans un grand nombre de catas-
trophes, il a automatiquement *bouclé la boucle*. Il suffi-
sait d'avoir l'audace de Pégoud pour montrer qu'il

était aussi possible de *boucler la boucle* de propos délibéré... pourvu que l'organisme de l'aviateur, et son cœur, en particulier, soit insensible à la suffocation et à la crise de nerfs.

Le parachute employé par Pégoud était un parachute Bonnet qui dérive du parachute de Gaston Hervieu. La construction de la surface de toile portante ne comporte aucune disposition particulière. Au centre, un trou de 14 centimètres et trois circonférences de tissus différents : la circonférence de la périphérie est en un tissu de soie presque imperméable ; celle du milieu, au contraire, laisse filtrer l'air, et la circonférence du centre est tout à fait imperméable.

Tous les parachutes sont munis d'un dispositif spécial permettant leur déploiement immédiat et c'est ce qui les caractérise.

Dans le parachute Gaston Hervieu, par exemple, — le premier qui ait donné des résultats en descendant, à une vitesse de 4 mètres par seconde, un mannequin pesant 75 kilogrammes, arraché d'un aéroplane auquel on avait communiqué une vitesse de 60 kilomètres à l'heure — se trouvent disposés, tout le long de la circonférence extérieure de la surface parachutale, une série de ressorts solidaires les uns des autres. Lorsque l'appareil est au repos, il est enfermé dans une boîte placée sur le fuselage de l'aéroplane et les ressorts dont il est muni sont fortement comprimés. Lorsque le pilote est en danger, il appuie sur une manette qui détermine l'ouverture de la boîte. Les ressorts se détendent brusquement, l'appareil est projeté hors de la boîte et se déploie instantanément. Très bien étudié par son inventeur qui n'a pas hésité à l'expérimenter en se jetant à plusieurs reprises d'un ballon à des altitudes de 1500 à 2.000 mètres, et a ainsi effectué plus de 30 descentes toutes sans incident, ce parachute constitue une excellente solution du problème.

D'autres appareils, fondés sur le même principe, ont été ultérieurement construits. Citons ceux de

MM. Dangy-Baillet, Cremoux, Bonnet, dans lesquels un gros boudin gonflé d'air comprimé se détend lors de la libération de l'appareil, de la même façon que se développent dans les jouets d'enfants les diables sortant des boîtes. Dans le parachute Ochs, c'est une série de cerceaux métalliques qui produisent l'ouverture immédiate.

* * *

La question du parachute est plus importante qu'on ne le croit. Non seulement il constitue un appareil de sauvetage, mais encore il peut devenir — et c'est l'espérance de ses partisans — un véritable organe de manœuvre. Ainsi que le dit M. Quinton, le distingué président de la Ligue nationale aérienne, dans un article paru dans le journal l'*Éclair* :

« Un parachute bien étudié pourrait devenir un « instrument normal d'atterrissage. On sait à quelles « difficultés l'aviation se heurte aujourd'hui. Nous pos-« sédons des appareils très vites, effectuant 150 et « même 180 kilomètres à l'heure. Mais nous ne pouvons « les employer parce qu'avec eux l'atterrissage est « impossible. Un aéroplane qui atteint cette vitesse « a besoin, en effet, pour atterrir sans dommage d'un « champ très uni, et ne présentant aucun obstacle sur « une longueur de 400 ou de 600 mètres, — conditions « qui se rencontrent rarement en France.

« Si au contraire l'appareil est muni d'un parachute, « au moment d'atterrir on le déclanche. La surface « passe de quatorze mètres à cent mètres, et l'aviateur « descend à terre doucement, verticalement, dans un « champ pas plus grand qu'un « mouchoir ».

« On peut objecter qu'à la vitesse de 180 kilomètres « à l'heure, le parachute, quand il se déploiera, sera « arraché. C'est faux. Le freinage du parachute s'opère « *pneumatiquement*, lentement, progressivement. L'expé-

« rience est d'ailleurs faite. Cappaza, Hervieu se sont
« jetés d'un ballon, d'une hauteur de deux mille mètres.
« Les parachutes, à cette époque, ne s'ouvraient pas
« instantanément, et les aéronautes faisaient une chute
« de trois cents mètres dans l'air avant que l'instru-
« ment ne s'ouvrit. A ce moment, ils atteignaient bien
« une vitesse de 150 à 200 kilomètres à l'heure. Or, le
« parachute se déployait tranquillement, sans causer
« même une secousse au pilote. Hervieu a fait ainsi
« pour sa part trente-deux descentes de quinze cents
« à deux mille mètres, toutes réussies. »

Quant au poids, qui ne dépasse pas 20 kilogrammes et à l'encombrement, ils ne constituent pas la moindre difficulté à l'avancement ni à la manœuvre.

Ainsi un parachute de dimensions suffisantes pourrait non seulement sauver l'aviateur et son appareil en cas de danger, mais encore faciliter l'atterrissage, un des gros problèmes qui restent encore à résoudre.

FORCE MOTRICE

UNE TURBINE DE 20.000 CHEVAUX

L'un des traits les plus caractéristiques du développement de l'industrie électrique au cours de ces dernières années est, avec l'accroissement continu de la puissance des moyens de production, leur concentration de plus en plus accentuée dans de grandes usines distribuant l'énergie dans un rayon étendu.

Il y a 25 ans à peine, les génératrices se trouvaient disséminées en un grand nombre de petites stations desservant chacune un îlot d'immeubles ou une usine distincte.

Mais, l'industrie électrique n'a pas échappé à cette loi générale qui veut que toute production soit d'autant plus économique qu'elle porte sur une plus grande quantité de matière fabriquée, et les industriels ne tardèrent pas à se rendre compte de l'intérêt qu'ils avaient à acheter leur énergie à une station centrale de grande puissance pour laquelle les acquisitions du terrain, des bâtiments, du matériel générateur et de l'appareillage constituent des charges relativement moins lourdes, et qui, avec un personnel réduit, un approvisionnement plus facile et fréquemment renouvelé, peuvent faire face dans de meilleures conditions aux demandes variables de chaque abonné.

Parmi les grandioses installations que cette nécessité a fait naître autour des grandes villes, l'une des plus intéressantes est l'usine de 120.000 chevaux de la Société d'Électricité de Paris, à Saint-Denis.

L'installation de la Société d'Électricité de Paris fut étudiée en vue de fournir du courant triphasé et du courant diphasé ; le courant continu n'est produit que pour les besoins intérieurs de l'usine ou pour les besoins locaux (tels que l'alimentation du tramway Enghien-La Trinité) ne rendant pas nécessaire le transport à de longues distances.

Le projet adopté comportait :

1° Dix turbo-alternateurs, prévus chacun d'une puissance normale de 5.000 kilowatts, pouvant atteindre 6.000 kilowatts, soit une puissance totale comprise entre 60.000 et 72.000 kilowatts, les trois quarts en courant triphasé à 10.250 volts, 25 périodes ; l'autre quart en courant diphasé à 12.300 volts, 42 périodes. Le sixième de cette puissance totale devait constituer une réserve.

2° Des turbo-dynamos pour le courant continu ; des convertisseurs (triphasé-continu et diphasé-continu) ; un ou plusieurs groupes mixtes ou polymorphiques (triphasé-diphasé-continu). Les douze turbo-alternateurs devaient être divisés en trois sections de quatre groupes, chaque groupe d'une section formant un rectangle dont les alternateurs marqueraient les angles.

L'usine de Saint-Denis a commencé son service en 1905 en fournissant environ 70.000 kilowatts-heures par jour au Métropolitain et au Secteur Edison à l'aide de quatre turbo-alternateurs de 6.000 kilowatts. A la fin de 1906, elle possédait dix turbo-alternateurs de 6.000 kilowatts ; actuellement et devant la demande toujours croissante d'énergie elle vient d'installer une unité de 12.500 kilowatts, pouvant, à elle seule, assurer le ser-

Fig. 60. — Turbine à vapeur de 20.000 chevaux couplée à un alternateur triphasé.

vice de tout le Métropolitain, réduisant ainsi les frais de conduite et de surveillance.

La nouvelle turbine (fig. 60) est du type combiné Brown-Boveri, Parsons, dont le principal perfectionnement par rapport au type Parsons, est l'adoption dans la partie haute pression d'une roue à action à étages de vitesse, procurant, avec une augmentation de rendement dans cette partie, une diminution sensible de longueur de l'ensemble. Cet avantage a permis, dans le cas présent, de placer la nouvelle turbine dans l'emplacement précédemment réservé à un groupe de 10.000 chevaux.

La figure 61 montre combien est faible la différence d'encombrement qui existe entre ce groupe et les autres unités de puissance moitié moindre.

La puissance normale de cette turbine est de 14.200 chevaux pour une vitesse de rotation de 750 tours par minute, et le groupe peut développer sans échauffement dangereux une puissance de 21.100 chevaux pendant une demi-heure.

Les constructeurs ont garanti une consommation de vapeur de 5,8 kilogrammes par kilowatt-heure à la charge de 12.500 kilowatts, qui ne s'élève qu'à 6,25 kilogrammes à la charge de 5.000 kilowatts.

* * *

Pour que l'on puisse procéder en marche au nettoyage des tubes que souillent rapidement les eaux impures de réfrigération, on a adopté pour le condenseur une disposition tout à fait originale, brevetée par la Société Brown-Boveri et Cie en 1910.

C'est un condenseur à surface, dont la chambre tubulaire est munie d'une cloison séparatrice horizontale et dont les deux fonds portent chacun une porte à deux battants, de manière à pouvoir mettre une partie du condenseur hors service pendant la marche, procéder

Fig. 61. — Vue d'ensemble de la salle des machines comprenant : 1 Turbo-alternateur de 11.000 kilowatts. — 10 Turbines à vapeur de 6.000 kilowatts. — 1 Turbo-dynamo de 300 kilowatts.

à son nettoyage et continuer la marche normale avec l'autre.

Les deux compartiments à eau, placés à chaque extrémité du condenseur, sont eux-mêmes subdivisés par de petites cloisons horizontales dans le but d'obliger l'eau réfrigérante, qui entre par deux tubulures séparées à la partie inférieure de la chambre du fond, à changer plusieurs fois de direction pour sortir par deux conduites placées sur la chambre avant.

La pompe à air aspire par deux conduites différentes, et crée dans la chambre tubulaire supérieure un vide aussi parfait que possible. Celle-ci, ainsi que les compartiments à eau, est également traversée par une cloison de séparation verticale assurant, dans le compartiment à eau arrière, la complète indépendance des compartiments inférieurs et supérieurs de chaque côté de la cloison verticale.

*
* *

L'ensemble complet de la turbine, de l'alternateur et de son condenseur pèse environ 300 tonnes, la turbine seule 140 tonnes et l'alternateur 90 tonnes.

Le poids du rotor est de 40 tonnes et celui de la partie inférieure du stator de 41 tonnes 1/2. Si l'on songe que le chariot qui portait ces pièces pesait plus de 12 tonnes et les pièces de calage environ 3 tonnes, on comprendra que ces transports aient nécessité des attelages inusités de 32 chevaux pour le premier et de 35 chevaux pour le second.

En raison de leurs dimensions (le rotor avait 3 m. 060 de diamètre et 7 m. 675 de longueur ; le demi-stator, 5 m. 605 de longueur, 2 mètres de hauteur et 4 mètres de largeur), ces pièces indivisibles n'ont pu être transportées par chemin de fer jusqu'à l'usine de Saint-Denis ; d'ailleurs les gares de Saint-Ouen-les-Docks ou de la Chapelle ne

Fig. 62. — Condenseur à surface nettoyable.

Fig. 63. — Arbre (50 tonnes) traîné par 32 chevaux.

Fig. 64. — Moitié inférieure du cylindre (55 tonnes) traîné par 35 chevaux.

possèdent pas d'engins de levage suffisants pour la manutention de tels fardeaux, ni aucune gare de la région. En outre, la hauteur du chargement rendait impossible le passage sous certains ponts.

Il fallut donc effectuer ces transports par les voies de terre. L'itinéraire suivi représentait une longueur totale de 8.900 mètres environ. Il comportait : 1° la traversée du passage à niveau du chemin de fer de Grande Ceinture au Bourget; 2° le passage sur le pont à tablier métallique du canal Saint-Denis, route de la Révolte ; 3° le passage sur le pont de la Révolte, au-dessus des voies du chemin de fer du Nord.

Le transport de la charge de 53 tonnes ½ a été fait sur un chariot à quatre roues et les charges étaient réparties de telle manière que les roues d'avant portaient chacune 12 tonnes et les roues d'arrière 14 tonnes 800. La largeur de la jante du chariot étant de 0 m. 31, on avait, par centimètre carré de génératrice des roues d'arrière, un poids de 477 kilogrammes environ.

Le transport des trois pièces principales de la turbine de 20.000 chevaux a coûté de 9.000 à 10.000 francs. Ce chiffre ne comprend que le camionnage proprement dit et les frais qui s'y rattachent immédiatement. Il ne tient compte ni des frais généraux, ni des démarches, et frais du personnel, ni du transport du complément de la fourniture, ni enfin des sommes qui ont été réclamées par l'Administration des Ponts et Chaussées.

Il semble donc à l'heure actuelle que la puissance des groupes électrogènes soit limitée uniquement, et pour longtemps sans doute, par les conditions même de leur transport.

CHIRURGIE

La

CHIRURGIE MODERNE

et les Expériences du Dr Carrel

La vie latente des tissus. — Le développement en dehors de l'organisme des fragments d'organes. — Le problème du cancer et celui de la vieillesse. — Les organes peuvent accomplir leurs fonctions en dehors de l'organisme. — Les opérations du cœur et de l'aorte.

L'attribution du grand prix Nobel au chirurgien français Alexis Carrel, directeur du laboratoire de chirurgie expérimentale de l'Institut Rockfeller de New-York, a attiré l'attention du grand public sur les progrès récents de la chirurgie et en particulier sur les travaux si originaux et si importants du Dr Carrel.

Tout d'abord le Dr Carrel a étudié la vie latente, c'est-à-dire la conservation des tissus hors de l'organisme. Pour cela il lui a fallu instituer une technique spéciale pour prélever, sans les infecter, les organes qui seront ultérieurement étudiés. Le Dr Carrel n'a eu qu'à regarder autour de lui pour se convaincre que seule la division du travail poussée à l'extrême permettrait de mener à bien ses expériences. L'opérateur et ses aides, le visage couvert d'un masque, vêtus de blouses à longues manches, chaussés de souliers de caoutchouc accomplissent en silence sous les ordres du maître les diverses manœuvres nécessaires, tandis qu'une sténographe enregistre les phases de l'expérience : si celle-ci échoue il sera facile, en compulsant le compte rendu, de voir où une faute a été commise. Durant l'opération on évite tout courant d'air, toute entrée d'air dans la pièce stérilisée et imprégnée de vapeur d'eau. L'organe enlevé, un vaisseau sanguin, par exemple, on le lave avec le sérum de Ringer (sérum physiologique à 7 grammes de sel par litre additionné de chlorures de potassium et de calcium) et on le plonge dans un tube de verre rempli de vaseline chauffée à 38 degrés, puis le tout est placé dans une glacière. La vie reste latente dans ce fragment de veine car, au bout d'un mois par exemple, on peut le greffer sur une aorte et il continue à se développer.

* * *

Conserver les tissus c'est bien, mais le Dr Carrel a fait mieux ; il est arrivé à les cultiver en dehors de l'organisme et nous ne pouvons mieux faire comprendre l'intérêt de ce résultat qu'en reproduisant une communication du Dr Pozzi sur les expériences du Dr Carrel :

« Les expériences furent pratiquées sur des cultures
« de cœur et vaisseaux sanguins de fœtus de poulets
« de 7 à 18 jours. Les cultures étaient lavées tous les
« trois ou quatre jours pendant une ou deux minutes
« dans la solution de Ringer et placées ensuite dans un
« milieu neuf. Les tissus primitifs et les tissus nouveaux
« qui en étaient nés ont subi de trente-neuf à quarante-

« trois passages, et étaient encore en pleine activité au
« début du cinquième mois de leur vie *in vitro*.

« Pendant les quatre mois qui s'étaient écoulés, des
« observations nombreuses ont pu être faites sur la
« rapidité de leur croissance, l'augmentation de leur
« masse et leur activité fonctionnelle.

« Les observations déjà faites au sujet de la rapidité
« de la croissance des tissus à l'état de vie alternante ont
« été entièrement confirmées. La rapidité de la crois-
« sance était influencée par des variations légères de la
« composition du milieu, de sa tension osmotique, de sa
« température, de la manière dont la gelée plasmatique
« avait été coupée, de la quantité de plasma laissée
« autour du tissu, de la forme de la culture et de la
« fréquence des passages. Souvent l'activité de la proli-
« fération cellulaire paraissait augmenter en raison
« directe de l'âge de la culture. Dans plusieurs cultures
« âgées de deux ou trois mois, le tissu conjonctif grandis-
« sait aussi vite qu'un fragment de tissu embryon-
« naire très jeune. Au cours du troisième mois, un petit
« fragment de cœur s'entoura, en soixante heures,
« d'une couche dense de cellules qui couvraient une
« surface soixante-quatre fois supérieure à la sienne.
« A la fin du quatrième mois, et au commencement du
« cinquième mois, des cultures de cellules conjonctives
« s'accroissaient beaucoup plus vite qu'à aucune autre
« période de leur vie.

« Pendant le premier mois de la vie des tissus *in vitro*,
« les cellules se multipliaient rapidement à la périphérie
« des fragments. Mais après chaque passage, la partie
« centrale de la culture diminuait et un grand nombre
« de cellules mortes étaient éliminées. Non seulement la
« masse des tissus n'augmentait pas, mais elle diminuait
« lentement. Cependant, au commencement du deu-
« xième mois, le volume des cultures devint station-
« naire. Puis il commença à s'accroître progressivement.
« A la fin du second mois, cet accroissement était très
« marqué. A cette époque, cinq des seize cultures

« vivaient encore. Une de ces cultures mourut d'infection
« au commencement du troisième mois. Il restait donc
« seulement quatre cultures.

« Ces quatre cultures étaient en pleine activité.
« Pendant le troisième mois, leur masse augmenta
« tellement qu'elles durent être divisées et qu'elles
« donnèrent naissance, directement ou indirectement, à
« plus de vingt cultures nouvelles. Les dimensions du
« tissu contenu dans chaque culture étaient plus grandes
« qu'au début. La masse totale des tissus était au moins
« quinze fois plus considérable à la fin qu'au commen-
« cement du troisième mois. Pendant la première
« partie du quatrième mois des accidents variés
« entravèrent légèrement l'accroissement des cultures.
« Puis, la masse des tissus augmenta de façon marquée,
« et les cultures furent divisées à plusieurs reprises. Au
« commencement du cinquième mois, la plupart des
« cellules étaient amiboïdes et la surface des cultures
« s'étendit beaucoup.

« Il devint possible d'obtenir des cultures pures de
« cellules appartenant à un type morphologique déterminé.
« Des fragments de gelée plasmatique où se trouvaient
« disséminées un petit nombre de cellules furent extirpés
« à des cultures âgées de plus de deux mois, et soumis à
« des lavages et à des passages répétés. Les cellules se
« multiplièrent avec une grande rapidité et on put
« assister à l'édification d'un nouveau tissu très dense.

« Pour l'étude de l'activité fonctionnelle des tissus,
« des fragments de cœur ont été choisis, car l'observation
« de leurs contractions rythmiques est très facile et ne
« peut donner lieu à aucune erreur.

« Au mois de décembre 1911, M. Carrel trouva que
« les pulsations d'un fragment de cœur qui avaient
« diminué de nombre et d'intensité, ou disparu, pouvaient
« être ramenées à leur état normal par un lavage et un
« passage. Dans une culture secondaire, deux frag-
« ments de cœur, séparés par un intervalle libre, battaient
« fortement et régulièrement. Le plus gros fragment se

« contractait 92 fois par minute, et le plus petit 120
« fois. Pendant trois jours, le nombre et l'intensité des
« pulsations varièrent peu. Le quatrième jour, les pul-
« sations avaient diminué considérablement d'intensité.
« Le gros fragment battait 40 fois par minute et le petit
« fragment 90 fois. La culture fut lavée et placée dans
« un milieu neuf. Une heure et demie après, les pul-
« sations étaient devenues très fortes. Le gros fragment
« se contractait 120 fois par minute et le petit 160
« fois. En même temps, les fragments s'accroissaient
« rapidement. Au bout de huit heures, ils étaient
« unis et formaient une masse dont toutes les parties
« battaient synchroniquement.

« M. Carrel essaya ensuite et parvint à conserver trois
« fragments de cœur dans un état d'activité fonc-
« tionnelle pendant plusieurs mois. Les conclusions impor-
« tantes que l'on peut déduire de ces expériences sont les
« suivantes : puisque les cultures de tissu conjonctif
« vivent encore et s'accroissent rapidement au début du
« cinquième mois de leur existence *in vitro* et puisqu'un
« fragment de cœur bat encore plus de trois mois après
« son extirpation, il est permis de conclure que des
« tissus séparés de l'organisme peuvent être conservés
« à l'état de vie latente permanente ».

* *

Mais le Dr Carrel a constaté d'autres résultats dont
l'importance est considérable et dont la portée dans
l'avenir peut être incalculable. Voici ces faits, d'après
un remarquable article du Dr F. Helm paru dans le
Temps du 5 juillet 1913 :

« D'abord, dans un milieu convenable, les éléments
« cellulaires, très vivaces, pullulent au début et croissent
« avec une force extraordinaire, mais ensuite la crois-
« sance est retardée et finalement arrêtée. On peut en

« conclure : 1° que les jus d'embryon contiennent une
« *substance accélérante* favorable à la croissance ;

« 2° qu'il se forme ensuite un antagoniste ou *subs-*
« *tance retardante.*

« Si, en effet, on remplace par du jus d'embryon frais
« celui qui a déjà servi à la culture, ou même si on ajoute
« du suc de corps thyroïde, cette glande située en avant
« du cou au niveau de la « pomme d'Adam », et dont
« l'hypertrophie constitue le goître, aussitôt le miracle
« de la multiplication s'opère de nouveau et la vie,
« assoupie, se réveille dans le tube.

« Ces deux faits, très simples, amorcent les deux
« plus gros problèmes qui se soient jamais imposés à
« l'humanité : celui du cancer et celui de la vieillesse.
« En effet, dans les tubes de verre, comme dans le sein
« maternel, comme dans l'enfance, nos cellules se
« développent et se multiplient, cela est dû vraisem-
« blablement à une substance spéciale qui commande
« toute la croissance. Cette substance accélérante peut
« expliquer le développement des cancers, puisque les
« cellules des tumeurs malignes, des sarcomes, par
« exemple, se développent dans les tubes avec la même
« rapidité que si elles baignaient dans du jus d'embryon.

« On doit aussi penser que si, à un moment de la vie,
« nos cellules, en un point donné, se développent furieu-
« sement, comme prises de folie anarchique, cela est
« dû à la *substance accélérante,* fabriquée quelque part
« dans l'organisme et qu'on a déjà décelée dans le corps
« thyroïde. Trouver la glande où elle se forme, ce serait
« probablement avoir la clef de l'antre maudit où s'éla-
« borent les cancers.

« Voilà une première donnée. La seconde touche au
« problème de la vieillesse. Cette pause partielle de la
« vie, due à un ordre mystérieux qui fait mettre bas
« les armes à nos organes et enchaîne leur activité,
« nous la croyions particulière aux animaux — les
« arbres, si vieux soient-ils, ne saluent-ils pas de leurs
« jeunes rameaux verts chaque printemps que les années

« ramènent ? Eh bien, la culture indéfinie des éléments
« cellulaires hors de l'organisme montre que les cellules
« animales, pas plus que les végétales, ne portent en elles
« le germe fatal de la décrépitude. Celle-ci provient
« d'une *substance retardante* engendrée par la vie même.
« Ce qui le prouve, c'est que si cette substance est
« enlevée des tubes et remplacée par du jus frais, immé-
« diatement les éléments cellulaires, assoupis dans leur
« prison de verre, se multiplient avec un vrai regain de
« jeunesse. La substance retardante, voilà peut-être la
« cause de la vieillesse ; la trouver, l'extraire, changer
« notre milieu intérieur, tel est le formidable problème
« qui se pose. Il ne faut pas le croire insoluble : la petite
« fourmi humaine n'est-elle pas capable de tout sur-
« monter ?

« La substance retardante ainsi élevée ne restera
« d'ailleurs pas inutile. Puisque dans les tubes de culture
« elle s'oppose au développement des cellules, rien ne
« nous interdit d'espérer qu'au sein de l'organisme elle
« pourra enrayer aussi le développement excessif et
« anormal des éléments qui forment les cancers ».

* * *

Non seulement le Dr Carrel a pu faire vivre isolés des fragments de tissus ou d'organes, mais il est arrivé à faire fonctionner ces organes entiers, après leur extirpation du corps de l'animal en expérience.

Prenant un chat, par exemple, il lui enlève ce qui constitue sa personnalité : ses poumons avec leur trachée-artère, son cœur plein de sang, après avoir au préalable soigneusement ligaturé les artères qu'il faudra couper ; son estomac muni de l'œsophage qui y apporte les aliments, de l'intestin qui les remporte, du foie, du pancréas qui contribuent à leur digestion. Il place toute cette masse de viscères dont les liaisons ont été respectées dans une cuve remplie d'un liquide approprié et maintenu à une température constante de 38° centigrades. L'orifice de section de l'œsophage est disposé de manière qu'on puisse y introduire des aliments ; celui de l'intestin de telle sorte que les résidus de la digestion puissent s'échapper.

Tout ce qui constituait la paroi du corps du chat : membres, cerveau, moelle épinière a depuis longtemps cessé de donner le moindre signe de vie, que tous les organes qui contribuaient à la nutrition de l'animal continuent à fonctionner presque normalement, surtout si on remplace le sang perdu au cours de l'opération par une injection dans les vaisseaux de sang frais emprunté à un autre chat vivant. Le cœur continue à battre régulièrement, le sang circule ; l'estomac, animé de contractions, digère son contenu qui passe dans l'intestin, où il reçoit du foie et du pancréas les sucs qui le modifient ; le bol alimentaire est poussé vers l'extrémité inférieure du tube digestif et les résidus de la digestion sont évacués normalement.

Toutes ces opérations s'accomplissent sans qu'il soit besoin de l'intervention du cerveau et de la moelle épinière ; les ganglions du système sympathique suffisent à les produire. Il semble que la vie végétative résidant dans les viscères et la vie animale dont le cerveau est le centre soient réellement deux fonctions distinctes comme le voulaient les anciens physiologistes.

*
* *

Avant le Dr Carrel, on considérait comme dangereux de tenter dans la partie thoracique, où sont enfermés le cœur et l'aorte, une opération chirurgicale qui aurait intéressé directement ces organes. C'est cependant à eux que le Dr Carrel n'a pas hésité à s'attaquer ; mais avant que le chirurgien puisse réaliser ces interventions médicales sur l'homme, l'expérimentateur, qu'est Carrel, a prouvé qu'elles étaient possibles sur des animaux.

Dans une conférence faite à l'hôpital Beaujon dans le service du Pʳ Tuffier, le 13 juin 1913, le Dʳ Carrel s'exprimait en ces termes :

« Nous possédons à l'heure actuelle des moyens qui
« nous permettent d'opérer sur la cavité thoracique
« aussi bien que sur la cavité abdominale. J'ai fait
« personnellement un grand nombre d'opérations sur
« les animaux à l'aide de certaines méthodes. Il est
« vraiment aussi aisé de sectionner et d'ouvrir le thorax,
« d'opérer sur les deux poumons, le cœur et l'aorte, que
« de couper transversalement la paroi abdominale et de
« faire des opérations sur les reins et l'intestin.

« Nous savons aujourd'hui aussi ce que peuvent
« supporter le cerveau, la moelle et le cœur au point de
« vue de l'anémie temporaire nécessitée par ces opé-
« rations. Le cœur souffre fort peu d'une interruption de
« circulation. C'est en réalité un des organes les plus
« résistants de l'économie. Il faut faire attention
« seulement à ne pas le laisser battre sans une quantité
« suffisante d'oxygène.

« Je crois que le cœur peut s'arrêter pendant cinq et
« même dix minutes et reprendre ensuite ses contractions
« normales. Après cinq minutes il repart toujours.
« Dans la moelle, il semble que l'arrêt de la circulation
« puisse durer 5, 10, 15, peut-être 20 minutes. Elle
« peut le faire, à coup sûr, pendant 10 minutes sans compli-
« cations graves. Il n'en est pas de même pour le
« cerveau. Pendant trois à quatre minutes, j'estime
« qu'il n'y a pas de danger. Aussitôt que l'on dépasse
« cinq minutes, il est très difficile de rétablir l'animal
« dans ses conditions normales d'existence au point de
« vue cérébral.

« Au reste, en trois ou quatre minutes d'opération
« sur le cœur ou les gros vaisseaux, on peut faire
« beaucoup de choses.

« Sur les animaux, il est facile de faire des opérations
« sur le cœur ; sur l'homme, j'ignore ce qu'il est possible
« de faire. Mais il est de la plus grande utilité d'étudier
« expérimentalement les techniques qui peuvent donner
« l'espoir de faire quelque chose pour les malades
« atteints soit d'anévrismes, soit de rétrécissements de
« l'aorte ou de l'artère pulmonaire. Je connais des
« médecins qui ont, parmi leurs clients, des malades
« atteints d'affections analogues et qui seraient très
« désireux de voir la chirurgie intervenir dans ces cas, si
« rebelles à la thérapeutique.

« Il est à espérer que l'étude des conditions opéra-
« toires et des conditions cliniques des sujets atteints
« d'affections graves des gros vaisseaux et du cœur
« donnera des résultats pratiques permettant de soulager
« ou de guérir ces malades ».

C'est sur cette affirmation pleine d'espérance du magicien moderne que nous terminerons cet exposé, combien incomplet, des travaux du Dr Carrel.

LES BLESSURES
DES ARMES MODERNES

Depuis la guerre de 1870, il n'y a pas eu de grande guerre européenne et les modifications faites aux armements, les nouveaux projectiles, balles de fusil ou obus d'artillerie, n'ont jamais été «expérimentés» pourrait-on dire, dans des conditions suffisantes pour que l'on ait sur leur efficacité et leurs effets destructeurs des renseignements certains. Les expéditions coloniales n'ont fourni que quelques indications et à ce point de vue, la récente guerre des Balkans a présenté un intérêt tout particulier. En effet, chez les deux adversaires, on a pu étudier à loisir les blessures produites et l'ample moisson de documents rapportée par les diverses missions sera consultée avec fruit, pendant longtemps, une nouvelle guerre européenne étant un fléau qui, espérons-le, ne se déchaînera pas avant de nombreuses années.

Les conditions de la guerre moderne ont singulièrement évolué depuis quelques années : aux balles grosses et lentes de jadis ont succédé des projectiles de masse beaucoup plus faible mais dont la vitesse est infiniment plus considérable. Donnons d'abord quelques détails sur ces projectiles, avant d'examiner leurs effets dans la « matière travaillée » c'est-à-dire l'être humain.

* * *

Les balles anciennes étaient rondes, jusqu'à la balle du fusil modèle 1842, qui mesurait 17 mm. 3 de diamètre et pesait 36 grammes. En 1859, la balle ronde fut allongée, devint cylindro-conique et son poids atteignit 53 grammes. Mais on abandonna bientôt cette tendance à l'augmentation de la masse du projectile et maintenant, de petit calibre : 8 millimètres, 7 millimètres, voir 6 mm. 5, de faible poids : 10 à 15 grammes, la balle moderne est pointue et animée de vitesses énormes.

La balle du fusil Mauser employé par les Turcs est la balle S que l'Allemagne a adopté depuis 1903. C'est un projectile cylindro-ogival de plomb entouré d'une enveloppe en acier doux plaqué de maillechort. L'ogive, très effilée, se termine par un méplat de 1 millimètre environ. Cette balle pèse environ 10 grammes et sa vitesse initiale est énorme : 860 mètres à la seconde, supérieure de 160 mètres à notre balle D qui par contre est plus lourde, porte plus loin (4.400 mètres), se tient mieux sur sa trajectoire et est dangereuse à des distances auxquelles la balle S ne l'est plus. Grâce à sa grande vitesse, la balle du Mauser a une trajectoire très tendue, rasante, au point que sa flèche maximum à 700 mètres atteint seulement la hauteur d'un homme. La disposition en pointe de la balle a augmenté considérablement sa force de pénétration, mais sa stabilité sur sa trajectoire est moindre, surtout aux grandes portées, que celle des anciennes balles ce qui est important au point de vue des blessures qu'elle peut produire. Enfin sa grande vitesse facilite sa fragmentation dans les ricochets ce qui multiplie encore sa puissance vulnérante.

La balle bulgare est celle du Mannlicher autrichien, modèle 1895. Elle est formée d'un lingot de plomb durci dans une enveloppe d'acier, pèse 15 gr. 8, a 7 mm. 9 de diamètre et une longueur de 31 mm. 8. Sa forme générale est cylindro-conique à extrémité tronquée et arrondie. Quant à la vitesse initiale elle n'est que de 600 mètres à la seconde et se réduit à 300 mètres à la seconde à 700 ou 800 mètres pour n'être plus que de 200 mètres à 1.100 mètres. Pourtant la balle bulgare peut encore mettre un homme hors de combat à 2.000 mètres.

* * *

Les gros projectiles ont aussi subi une évolution analogue ; les boulets ronds de jadis agissant par toute leur masse ont fait place aux bombes, puis aux obus qu'il faut classer en deux catégories : l'un simple véhicule d'explosif, l'autre le shrapnell qui éclate avant de rencontrer le sol et projette une gerbe de balles qui, bien que moins grosses et moins puissantes que celles du fusil, sont, comme nous le verrons, beaucoup plus dangereuses.

Les canons bulgares étaient des pièces de 75 sortant des ateliers du Creusot et analogues aux canons de campagne français. Les canons turcs de même calibre sortaient des ateliers Krupp.

Les obus explosifs sont en acier, à parois plus épaisses au culot et à la pointe de l'ogive, munis d'une fusée percutante et chargés de mélinite, de dynamite ou d'un explosif analogue. Lorsqu'ils éclatent, ils forment trois groupes de gerbes : l'un, peu important, dû à la projection des fragments du culot et deux latéraux beaucoup plus garnis mais qui cependant à 20 mètres du point d'éclatement ne peuvent plus mettre un homme hors de combat.

Les shrapnells sont formés d'une coque métallique, mince, adhérente en arrière au culot, se terminant en avant par une ogive portant la fusée qui se détache au moment de l'explosion. Celle-ci a lieu à quelques mètres au-dessus du sol, le feu de la fusée de l'ogive se communique à une charge de poudre, soit directement, soit à l'aide d'une gaine.

Lors de l'éclatement de cette charge, les balles qui sont contenues dans l'enveloppe et sont animées par suite de la vitesse du projectile, acquièrent une nouvelle force vive qui les projette dans toutes les directions en une gerbe oblique de haut en bas. A 100 mètres, les balles de shrapnell traversent encore une planche de 6 centimètres d'épaisseur, mais leur puissance diminue rapidement et à 300 mètres le képi suffit à amortir leur choc.

Enfin, il ne faut pas oublier de mentionner parmi les facteurs de mort que les hommes ont enfermés dans les obus, les gaz mêmes de l'explosion des obus, obus de rupture ou obus à balles, qui, en plus de leur action mécanique, du *souffle* de l'explosion, ont une action physiologique terrible : ils aveuglent, ils empoisonnent, ils brûlent. Le nuage de fumée que fournit l'explosion d'un obus chargé de lydite, par exemple, non seulement masque la vision, mais répand une odeur désagréable, et entraîne au bout de quelque temps la paralysie et la perte de l'ouïe, de l'odorat, du goût et de la vue. Lors de l'explosion si tristement célèbre des poudres de l'*Iéna*, on avait pu déjà constater ces inconvénients.

* *

Maintenant que nous avons passé en revue les principales armes modernes à feu dont on ait fait usage dans la récente guerre, nous allons examiner les effets qu'on a pu constater.

Les projectiles anciens provoquaient de larges lésions contuses, par suite à drainage spontané facile. Le pus trouvait une issue aisée par les orifices de la blessure et éliminait ainsi les agents infectieux qui pouvaient la souiller.

Les balles modernes au contraire, plus petites, plus rapides provoquent toutes une série d'effets que l'on peut classer d'après la vitesse au moment de la rencontre, c'est-à-dire si l'on veut d'après la distance du tir.

Aux portées rapprochées, 300, 400 ou 500 mètres suivant les projectiles, les blessures présentent le *caractère explosif*. Les os sont pulvérisés, projetés en esquilles dans les tissus où il se forme une cavité de la grosseur d'un petit œuf.

Quand le projectile pénètre par la pointe dans les tissus mous, l'orifice d'entrée est petit, mais la balle sous l'influence de cette légère résistance des tissus pivote suivant un axe qui peut devenir oblique et cela d'autant plus qu'elle est animée d'une plus grande vitesse, aussi le trajet intérieur est-il plus large que le calibre de la balle. Les parois sont lacérées, les os perforés, les organes mous (foie, rate) labourés; les orifices d'entrée étant petits, ceux de sortie, au contraire, sont plus larges et laissent échapper le contenu de ces organes.

En effet, lorsqu'une balle à grande vitesse pénètre dans des tissus remplis de liquide, il se produit fréquemment de véritables éclatements. L'expérience frappante consiste à tirer sur un vase de métal rempli d'eau : l'orifice d'entrée est rond et du diamètre de la balle, celui de sortie est tout déchiqueté et de grandes dimensions. Il semble que la balle moderne provoque à l'intérieur du liquide une onde explosive qui fait sauter les parois.

Bien que l'on ne s'entende pas encore sur la nature exacte de ce phénomène, on l'a souvent constaté à la guerre : les boîtes crâniennes éclatent comme des grenades mûres, l'estomac, la vessie, le rein, le foie sont pulvérisés et ceux qui constatent ces terribles ravages les attribuent parfois à l'action de balles explosives. C'est là l'origine de ces accusations qu'à chaque guerre portent contre leur ennemi chacun des belligérants.

A distance moyenne, c'est-à-dire de 400 à 1.000 mètres les blessures sont moins terribles, l'éclatement n'a plus lieu et les ravages causés par les balles ayant ricoché et qui, tordues, fragmentées, déchiquettent les tissus, ne sont plus observés.

Dans les parties molles les orifices et les trajets sont de dimension diamétrale un peu inférieure à celle de la balle, les fractures sont en général simples, les fissures peu écartées avec peu d'esquilles libres au niveau de l'orifice de sortie et pas de projection.

Dans la catégorie des blessures aux grandes distances (1.000 à 1.500 mètres et plus) se rangent les perforations des parties molles avec orifices et trajet plus petits que les balles, les fractures simples, et le séjour des balles dans les blessures. Dans ces deux dernières classes d'accidents il faut noter que l'on peut avoir inflammations des plaies par les corps étrangers, fragments de drap, de terre, etc., que la balle entraîne avec elle. Quant à la balle « stérilisante et cautérisante » que certains ont voulu voir dans la balle S elle n'existe pas, la température dans le trajet dans l'air ne dépasse pas 95°, il en faudrait 115 pour assurer les destructions de tous les genres d'infection. La « balle humanitaire » est un mythe, malgré l'impression trop répandue de la bénignité générale des blessures produites par les balles. Il suffit pour s'en convaincre de consulter les statistiques des pertes subies par les belligérants dans les guerres modernes.

En 1870 l'armée allemande a eu 18 % de ses effectifs mis hors de combat, chez les Russes pendant la campagne de Mandchourie 1904-1905 le pourcentage s'est élevé à 28,9 % et à 40,9 % chez les Japonais. Quant aux morts, leur proportion s'est élevée de 1 tué pour 5,8 blessés en 1870 à 1 tué pour 3,7 blessés pendant la guerre de Mandchourie.

En réalité, les blessures légères guérissent maintenant plus vite, mais les plaies graves sont plus nombreuses et plus mortelles qu'autrefois.

* * *

Ce sont surtout les obus qui produisent les effets les plus terribles : dans un rayon relativement faible, l'obus explosif ou de rupture, produit des plaies étendues, saignantes au fond desquelles reste souvent le fragment d'obus que sa forme rend intolérable.

Par contre les shrapnells sont véritablement les « arrosoirs de la mort » ainsi que les Russes les ont dénommés ; la gerbe oblique de haut en bas atteint surtout la tête pour les hommes debout, le dos, avec paralysie des membres inférieurs pour les combattants couchés. Les orifices des blessures, qui rappellent celles observées dans les anciennes guerres, sont en général béants, avec perte de substance, les bords en sont cintrés, dépourvus d'épiderme ; souvent la balle lorsqu'elle rencontre un os s'y arrête et reste dans la plaie. Les lésions des artères sont plutôt des contusions que des abrasions ou des perforations nettes, mais surtout on reconnaît les effets de l'obus à balle à l'absence des lésions explosives et à l'infection habituelle des plaies par des fragments de vêtements arrachés et entraînés par le projectile.

Tels sont les principaux enseignements que l'on peut tirer de la dernière guerre balkanique. Puissent-ils inspirer aux gouvernants une peur salutaire des conflits internationaux à main armée.

ÉLECTRICITÉ

LES COMMUNICATIONS

A

GRANDE DISTANCE

Les recherches du major Squier. — La téléphonie dans les mines. — La télégraphie sans fil sans étincelles, systèmes Goldschmidt et Bethenod. — La téléphonie sans fil, système Vanni. — La télégraphie sous-marine par ondes sonores.

Pendant de longs siècles les hommes, pour correspondre instantanément entre eux à de grandes distances, ne disposèrent que du système, poétique sans doute, mais combien incommode, des feux nocturnes allumés sur les hauteurs. Ce n'est qu'au xviiie siècle que Chappe, en imaginant le télégraphe optique, fit accomplir un pas important, en permettant de correspondre véritablement et, par un ensemble de signes conventionnels, de transmettre des mots et des phrases. L'électricité vint ensuite, et là encore la fée moderne accomplit des prodiges. Sous l'impulsion de Morse, Hughes, Baudot, Edison, etc., la télégraphie, puis la téléphonie, réalisation d'un désir qui semblait chimérique il y a seulement cinquante ans, prirent un rapide essor, et il semblait que le problème de la transmission à distance fut définitivement résolu.

Mais dans le silence du laboratoire, Hertz découvrait les oscillations électriques. Chose curieuse, il pensait, en opposition d'idées d'ailleurs avec sir William Crookes, qui, avec sa brillante imagination, prévoyait déjà l'avenir, que de telles vibrations ne pourraient jamais servir à transmettre des signaux à travers l'espace. Pourtant les savants s'acharnaient à la recherche d'un appareil permettant de déceler ces ondes dont Crookes entrevoyait si bien l'application. Ils cherchaient l'*œil électrique* qui verrait, à des centaines de kilomètres du centre d'émission, les ondulations de l'éther que l'œil humain ne saisit pas. Puis ce furent, en 1897, la découverte géniale du cohéreur par M. Branly, son application à la télégraphie sans fil par Marconi et le magnifique essor de celle-ci sous l'impulsion des savants français.

Ce développement extraordinairement rapide de la télégraphie sans fil, la nécessité de plus en plus urgente qu'il y a à pouvoir communiquer rapidement d'un point à un autre ont ramené l'attention des chercheurs sur ce problème et de tous côtés on propose des systèmes, basés sur les phénomènes physiques les plus divers, les plus inattendus à première vue. Il semble que tout phénomène soit maintenant apte à assurer des communications entre deux stations distantes de quelques kilomètres. Il est intéressant de passer en revue les perfectionnements et les conceptions les plus originales réalisées récemment.

* *

Voici d'abord le major Squier, du Signal Corps des Etats-Unis, qui cherche à appliquer à la téléphonie et à la télégraphie les phénomènes de propagation des ondes à haute fréquence le long des câbles et des lignes aériennes. Il cherche également les moyens de sélectionner au poste récepteur les courants de fréquence déterminée de façon à ne recevoir, dans un circuit donné, que les variations du courant pour la fréquence duquel ce circuit est accordé.

Les résultats de ses travaux ont montré que les ondes de haute fréquence (20.000 au moins par seconde) permettent de transmettre les signaux Morse et même la parole le long des lignes télégraphiques et téléphoniques ordinaires à des distances considérables. De plus on peut transmettre simultanément sur la même ligne un grand nombre de messages, sans qu'il se produise d'interférence et même sans que le fonctionnement des anciens appareils, dont les lignes sont munies, soit perturbé en aucune façon. Somme toute, à la propagation dans le fil, le major Squier juxtapose une propagation extérieure qui permet ainsi d'augmenter considérablement le débit de la ligne.

* * *

La téléphonie est peu répandue dans les mines, non qu'elle ne puisse y rendre de grands services, mais à cause des défauts d'isolement des lignes qui nécessitent, à cause de l'humidité, l'usage de câbles armés très coûteux. De plus les communications ne sont jamais parfaitement assurées par suite des ruptures de circuit fréquentes et inévitables, occasionnées par les mouvements de terrain dus aux opérations elles-mêmes de l'exploitation. Aussi a-t-on cherché, particulièrement en Allemagne, à utiliser la téléphonie sans fil. Ce terme n'est d'ailleurs pas absolument exact, car la téléphonie dans les mines utilise des conducteurs, mais ce sont des conducteurs mal ou pas du tout isolés qui sillonnent les galeries de mine en tous sens, tels que rails, tuyaux, etc. Cette utilisation permet de simplifier notablement les appareils transmetteurs et surtout de diminuer l'énergie électrique mise en jeu. En effet, dans la téléphonie sans fil à l'intérieur de la terre, les différentes couches du sol jouent un rôle important. Tandis que le sol se comporte, au point de vue des décharges d'électricité statique mise en jeu, dans la télégraphie superficielle, comme un condensateur de grande capacité, ses couches intérieures agissent, vis-à-vis des mêmes décharges, comme des isolants. Par suite, les rails et les conduits métalliques disposés dans les galeries transmettent parfaitement les courants induits malgré leurs solutions de continuité. Des installations basées sur ces principes fonctionnent aux mines de Carolinenglück sur des distances voisines de deux kilomètres.

* * *

Une des difficultés que l'on rencontre dans la télégraphie sans fil ordinaire lorsque les quantités d'énergie mises en jeu sont considérables, comme c'est le cas lorsqu'on veut communiquer avec un poste éloigné, est due à la résistance électrique de l'étincelle qui a la plus fâcheuse influence sur l'amortissement des oscillations. De plus la décharge a tendance à passer sous forme d'arc continu entre les deux électrodes et l'on perd une partie des avantages que l'on a cherché à réaliser avec le système producteur d'étincelles électriques. M. Eccles, pour éviter la formation de l'arc, a eu l'ingénieuse idée de produire les étincelles dans l'eau ou l'huile animée d'un mouvement de translation très rapide. Non seulement les étincelles ne dégénèrent plus en arc, mais le bruit violent qui les accompagne et trouble les réceptions et les émissions est complètement supprimé.

Dans une autre voie les ingénieurs ont cherché à réaliser la télégraphie sans fil sans étincelles et à établir des machines électriques fournissant directement, sans passer par l'intermédiaire des décharges, des courants alternatifs dont la fréquence soit suffisamment élevée (50.000 par seconde au minimum) pour engendrer dans l'antenne des oscillations de longueur d'onde donnée. C'est la méthode allemande.

Tout récemment, l'ingénieur Goldschmidt, de Darmstadt, a réalisé diverses machines à 50.000 périodes basées sur les résultats théoriques établis il y a dix ans par M. Boucherot. Grâce à l'emploi de condensateurs, on peut arriver à faire débiter à une machine alternative, non son courant de fréquence ordinaire, mais un courant de fréquence 3, 4 ou 5 fois plus grande, avec un rendement voisin de 50 %.

Comme le dit le Pr Goldschmidt, la partie fixe (stator) et la partie mobile (rotor) de la machine sont comparables à un miroir fixe et à un miroir tournant entre lesquels l'énergie électrique serait renvoyée comme le seraient des rayons lumineux. Aussi propose-t-il le nom de *génératrice à réflexion* pour cette machine.

Au mois de juin, le Pr Goldschmidt a réalisé par son système une transmission Hanovre-Tuckerton (6.500 kilomètres) qui constitue un record remarquable.

En France, le problème a été résolu d'une toute autre façon. On a cherché si une découverte concernant les antennes ne permettrait pas d'obtenir une longueur d'onde très grande avec économie, ce qui rendrait possible l'emploi d'alternateurs de fréquence moins élevée, qui ont par suite un meilleur rendement et surtout plus de robustesse.

M. Bethenod est arrivé, grâce à une disposition particulière de condensateurs et de self dans le circuit de l'antenne, à obtenir des longueurs d'ondes considérables (60 kilomètres, par exemple) avec de courtes antennes (moins de 1 kilomètre). Cette nouvelle méthode présente de nombreux avantages car non seulement l'équipement des postes est réduit au minimum, mais encore l'émission et la réception peuvent être rigoureusement réglées, ce qui n'est pas, comme on le sait, un maigre avantage.

* * *

La téléphonie sans fil est loin d'être aussi avancée que la télégraphie sans fil. C'est que les difficultés à vaincre sont beaucoup plus nombreuses. A côté des problèmes de transmission et de réception communs aux deux systèmes, on se trouve avoir à transmettre, en radiotéléphonie, un phénomène des plus complexes, à savoir la parole articulée avec son timbre caractéristique. Il faut non seulement ne pas altérer ni déformer le son fondamental, mais conserver tout l'ensemble, parfois très complexe, des harmoniques qui l'accompagnent et donnent à la voix son originalité.

La grande difficulté, dans la téléphonie sans fil, consiste dans l'appareil de transmission qui doit comprendre deux parties essentielles : un générateur d'ondes entretenues et un variateur, c'est-à-dire un appareil capable de faire varier la radiation électromagnétique de l'antenne suivant les modulations de la voix. Dans des expériences entreprises récemment à l'Institut Militaire de Télégraphie sans fil d'Italie, le Pr Vanni est arrivé à transmettre la parole et le son d'un microphone de la station de Ceuto-Celle, à côté de Rome, à Tripoli, distant de 1.000 kilomètres, avec une puissance un peu supérieure à 1 kilowatt. Ce remarquable résultat permet d'entrevoir bientôt l'application pratique de la radio-téléphonie, aussi donnerons-nous quelques détails sur les dispositifs employés par le Pr Vanni.

Le générateur d'ondes entretenues dont il s'est servi est le générateur à eau de Moretti. Le schéma de l'appareil est représenté figure 65. Le courant continu à 500 volts environ alimente à travers des résistances R et des self-inductions L le générateur Moretti composé essentiellement de deux électrodes de cuivre A, B, dont l'électrode inférieure positive B est perforée, de manière à laisser couler un très petit filet d'eau dont le débit est réglable par des vis appropriées. En dérivation sur ces deux électrodes se trouvent une capacité C et une self induction P formant le circuit primaire d'un transformateur dont le secondaire S est relié à la self induction de réglage de l'antenne et à la terre.

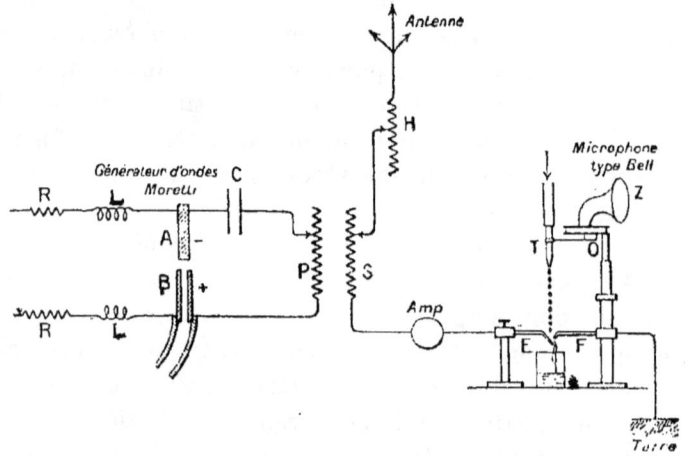

Fig. 65. — Schéma de l'appareil de transmission.

Comment fonctionne exactement le générateur Moretti, c'est ce qu'on ignore encore à l'heure actuelle, mais on constate que l'arc qui tend à se former se résout en de nombreuses étincelles partielles dont chacune donne lieu à un grand nombre de décharges qui, modifiées dans le circuit de l'éclateur, produisent un courant variable de très grande fréquence. Somme toute, ce dispositif accomplit par voie électrique et sans organe mobile ce que fait par voie mécanique un interrupteur très rapide de bobine de Ruhmkorff.

Ayant obtenu un courant sur l'antenne, il est nécessaire de faire varier ce même courant et par conséquent les radiations électromagnétiques correspondantes suivant les modulations du son à transmettre : il faut donc un variateur de courant avec microphone. M. Vanni s'est servi dans ses expériences du microphone hydraulique, le seul qui puisse, à cause du refroidissement opéré par l'eau, supporter le passage des courants intenses qu'il est nécessaire de mettre en jeu pour communiquer à grande distance.

Les microphones hydrauliques sont fondés sur les propriétés des jets liquides étudiées par Savart, lord Rayleigh, Bell, etc. On sait que tout jet cylindrique, sortant d'un mince ajutage sous une pression déterminée, présente trois parties séparées dont la première est limpide, continue, à sections constantes, la deuxième est trouble, à sections variables ; en apparence continue, cette partie est en réalité discontinue, formée de gouttelettes de formes sphéroïdale et sphérique — qui se succèdent dans l'espace et sont animées d'un mouvement vibratoire de période déterminée qui les fait vibrer — prenant de la forme sphéroïdale allongée à axe vertical, celle d'un sphéroïde aplati à axe horizontal en passant par la forme sphérique intermédiaire. La période de ces vibrations exécutées par les gouttes dépend de la nature du liquide, de sa constante capillaire, du diamètre et de la pression du jet, mais on peut imposer une vibration forcée en particulier en produisant un son au voisinage du jet. Si l'on fait alors tomber la partie trouble du jet ainsi mis en vibration sur un cylindre fluide fonctionnant comme résonateur, la fréquence et la succession des gouttes deviennent telles que le jet se produit et amplifie le son excitateur par une sorte de résonance hydrodynamique. Ses vibrations ont pour résultat final de faire varier l'épaisseur et par suite la résistance du jet lamellaire interposé entre les électrodes du collecteur lesquelles sont fixes et ne prennent pas part active à la vibration.

M. Vanni arrive au même résultat d'une manière plus simple en employant le dispositif représenté figure 66. Le jet est ici fixe et c'est le collecteur constitué par deux lames conductrices A, B qui vibre. Le jet sortant du tube T est stable. Quand on parle devant le pavillon du microphone Z, les vibrations sont transmises amplifiées à la membrane A qui donne de petits chocs au jet dont l'épaisseur varie alors périodiquement ainsi que la résistance électrique. Si donc ce système

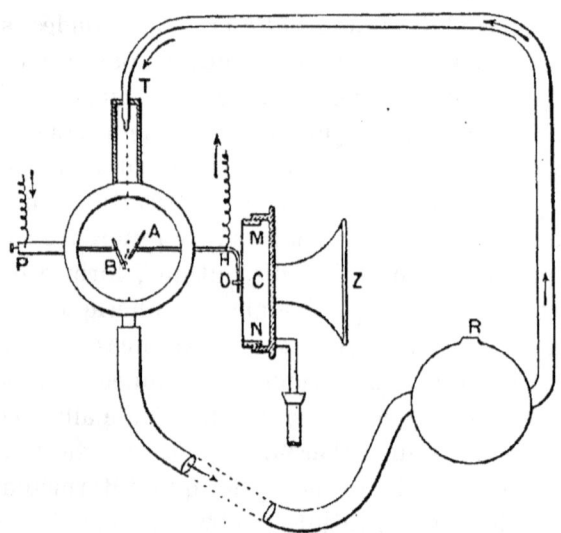

Fig. 66. — Microphone du type Vanni (jet fixe, collecteur oscillant), avec amplification acoustique et mécanique. A, B, vibrantes; T, tube; M, N, membrane vivante; Z, pavillon; R, pompe centrifuge remontant le liquide du microphone.

est intercalé dans le circuit antenne-terre, ce même circuit sera parcouru par les courants variables selon les sons produits devant l'appareil.

Ajoutons que M. Vanni est arrivé, non seulement à transmettre les sons faibles d'un gramophone, mais à distinguer et reconnaître aux mêmes distances le timbre de la voix de la personne qui, au moment de l'essai, parlait devant le microphone.

* * *

Lorsque la transmission ne se fait qu'à petite distance,

une vingtaine de kilomètres, par exemple, on peut employer directement les ondes sonores. Mais alors il faut chercher un milieu de propagation dans lequel la dispersion et l'affaiblissement des ondes soient moindres que dans l'air. L'eau convient particulièrement bien ; c'est donc pour les navires que les systèmes proposés seront commodes. On sait que dans l'eau et dans les solides les sons se propagent plus vite que dans l'air : on entend facilement le tic-tac d'une montre posée au bout d'une longue poutre, par exemple, en plaçant l'oreille au contact du bois à l'autre extrémité. Il en est de même dans l'eau, et, à l'heure actuelle, les gros bateaux sont munis de microphones qui entourant la coque, sont immergés dans l'eau et captent les bruits mystérieux qui circulent autour du navire : battements réguliers d'hélices lointaines signalant en temps de brume la présence d'un navire, bruit de la mer déferlant sur les rochers indiquant le voisinage d'une côte, son émis par une cloche sous-marine et qui permettra au vaisseau errant dans le brouillard de continuer sa route en toute sécurité.

MM. Klupathy et Berger proposent un système de télégraphie sous-marine dans lequel le transport d'énergie a lieu par ondes sonores. Le principe consiste à transformer le bateau tout entier en une énorme caisse de résonance, une sorte de contrebasse gigantesque sur laquelle on tendra une corde qui produira un son excessivement bas. Ce son fera vibrer les parois du bateau, tout comme la note émise par la contrebasse ou le violon fait vibrer les parois de celui-ci. Ces vibrations se transmettent dans l'eau avec une vitesse d'environ 1.000 mètres par seconde et sont recueillies au loin à l'aide d'un téléphone ou d'un microphone. Divers procédés peuvent être employés pour mettre en vibration les parois du navire : on peut, par exemple, disposer au-dessous de la ligne de flottaison un fil tendu que l'on met en vibration à l'aide d'une roue à rochets. On peut encore, au milieu du navire, disposer une colonne métallique solidaire de la coque et munie de tiges vibrantes disposées à l'une de ses extrémités. Les vibrations se transmettent, soit par le fût de la colonne, soit mieux par des fils tendus entre l'extrémité libre des tiges et le navire. Si la coque est mise ainsi en vibration à des intervalles de temps et pendant des durées variables, on entendra au poste récepteur des bruits que l'on pourra distinguer en traits et points comme dans l'alphabet Morse. D'après des essais effectués sur des navires de guerre américains, les transmissions seraient possibles jusqu'à 10 kilomètres.

SCIENCE APPLIQUÉE

LES SOURCIERS
et la
BAGUETTE DIVINATOIRE

Les merveilles de la baguette. — Comment choisir une baguette. — Comment opérer. — Le Congrès de 1913.

Les sourciers ont beaucoup fait parler d'eux cette année. Pour mettre d'accord partisans et détracteurs de ce mode de recherche des eaux souterraines et des métaux enfouis, un Congrès de baguettisants fut tenu à Paris et des expériences entreprises dans le bois de Vincennes et dans la plaine d'Achères. Les résultats furent pour les uns concluants, pour les autres négatifs, la question n'a pas avancé d'un pas et tout, jusqu'à plus ample informé, reste en état.

* * *

La baguette de coudrier est connue depuis le xve siècle ; elle servait aux mineurs allemands à rechercher les gîtes et les filons. Vers cette époque elle commença aussi à être utilisée pour la recherche des eaux souterraines. Ce n'est cependant qu'en 1630 que parut à Paris un livre de Galien mentionnant le rôle de la baguette dans la découverte des eaux minérales de Château-Thierry. De nombreux auteurs, depuis cette époque, ont traité de ce sujet passionnant ; la baguette, pour les uns, est une œuvre du démon et les baguettisants sont tous désignés pour le bûcher ; pour d'autres, la baguette est réellement sensible aux effluves terrestres, à l'électricité organique, au magnétisme, etc.

En 1910, le journal *L'Eau* ouvrit une enquête sur la question de la baguette. La majorité des réponses fut favorable à ce mode de recherche et nous reproduisons ici un passage d'un article de M. Carmejeanne qui montre nettement la façon d'opérer et les indications que dans certaines mains la baguette peut donner.

« Appelé en Normandie pour l'étude de captations
« souterraines destinées à l'alimentation d'un château,
« un propriétaire voisin, profitant de ma présence dans
« cette contrée, me demande de lui donner mon avis
« sur la disparition d'une source, qu'il avait captée
« et amenée à grands frais chez lui ; un sondage s'im-
« posait, quand le garde de la propriété me proposa de
« faire constater, au moyen de la baguette, par un
« sourcier très connu dans le pays, si la source existait
« encore. C'était la première fois que j'entendais parler
« de la baguette pour reconnaître l'existence d'un cours
« d'eau souterrain ; suivant les conseils du garde qui
« avait vu opérer le sourcier, je tentai l'expérience sur
« ses indications, avec une baguette en forme de fourche,
« prise par lui dans un noisetier voisin. M'étant éloigné
« de quelques pas de la direction probable du cours
« d'eau souterrain et tenant la baguette la pointe de
« la fourche en l'air et très faiblement inclinée, je sentis
« fort bien en me rapprochant un *mouvement de torsion*
« *de la baguette*, que je tenais avec une certaine force,
« mouvement qui alla s'accentuant jusqu'à ce que la

« pointe fût complètement tournée vers le sol ; en pour-
« suivant plus loin, la pointe revint vers moi m'indi-
« quant ainsi que j'avais dépassé la direction du cours
« d'eau ; je recommençai plusieurs fois l'expérience et
« le phénomène se produisit de la même façon ; suivant
« le garde, la source n'était pas perdue mais elle suivait
« un parcours souterrain plus profond : il restait à
« en déterminer la profondeur. Toujours sur ses indi-
« cations, je m'éloignai de la direction à une distance
« plus grande que la première fois, et je notai avec
« attention le moment *où je ressentis un très faible*
« *mouvement de la baguette* ; la distance de ce point à
« celui où la baguette avait la pointe dirigée perpen-
« diculairement vers le sol devait me donner la profon-
« deur. Je recommençai l'expérience plusieurs fois dans
« les deux sens et je constatai que les distances variaient
« très peu ; la moyenne me donnait 3 mètres ; je donnai
« immédiatement l'ordre de faire une fouille sur la
« direction que l'on supposait être celle du cours
« d'eau et le lendemain je m'assurai qu'à cette profon-
« deur l'eau était apparue ; il ne restait plus qu'à faire
« le travail nécessaire pour lui faire reprendre son
« ancien niveau. Tel a été mon début dans l'art de
« découvrir les sources par la baguette, et depuis cette
« époque j'ai fait exécuter nombre de forages de puits
« qui tous ont donné les résultats prévus. *Cette recon-*
« *naissance du sous-sol ainsi déterminée m'a permis*
« *d'effectuer avec succès les captations souterraines desti-*
« *nées à l'alimentation des villes de Paimpol, Lannion*
« *et à l'augmentation de celle de Saint-Brieuc.* Ce mode
« de procédé a malheureusement contre lui deux classes
« de détracteurs : la première celle des gens entre les
« mains desquels la baguette reste insensible ; la
« seconde celle des savants qui, ne pouvant arriver à
« expliquer le phénomène d'une façon plausible, trou-
« vent plus facile ou de le nier purement et simplement
« en l'attribuant au charlatanisme de l'opérateur, ou
« de le ranger parmi les actes de simple suggestion. »

En Allemagne, la baguette divinatoire est très en faveur tant dans les milieux scientifiques que dans les milieux industriels. Le service hydraulique de Munich se sert, paraît-il, de la baguette pour la détermination exacte des points de rupture des conduites d'eau et en 1911 un important Congrès a été tenu à Hanovre.

* * *

Sans prétendre que nos lecteurs pourront, à l'aide des baguettes, retrouver les objets précieux perdus, découvrir des filons ou des sources dans leur jardin, puisque, ainsi qu'on vient de le voir, il faut être particulièrement doué pour que la baguette se meuve entre les mains, donnons cependant sur cet appareil, qui a l'avantage de la simplicité, quelques détails pratiques permettant à chacun d'essayer ses talents divinatoires.

La baguette est un rameau fourchu de coudrier, d'aulne, de hêtre, de pommier ou de quelque autre sorte d'arbre ; on dit cependant que c'est le coudrier qui convient le mieux et que beaucoup d'arbres et d'arbustes ne sont pas propres à cet usage. La baguette doit être formée de deux jeunes rameaux portés sur une même tige, elle représente ainsi une petite fourche. Pour plus de commodité, il est bon que les deux rameaux forment entre eux un angle de 25 à 50°. La tige commune est coupée à 5 millimètres environ au-dessous de la bifurcation et chaque rameau a de 40 à 50 centimètres de long. La grosseur dépend évidemment du bois, mais il faut qu'elle ne soit pas trop grande pour que la baguette soit souple à ses extrémités de façon qu'on puisse plier ses rameaux à angle droit. La grosseur d'une plume d'oie est la dimension moyenne optima.

Comment tenir la baguette ? D'après le comte Tristan, dans son ouvrage sur les *Effluves terrestres* paru en 1826, on commence par saisir de chaque main le bout d'une des branches, on l'empoigne et on l'entoure complètement avec les quatre doigts de façon que le petit bout sorte de quelques centimètres. Dans cette position, si l'on tient l'axe de chaque main à peu près vertical, la baguette sera elle-même dans un plan

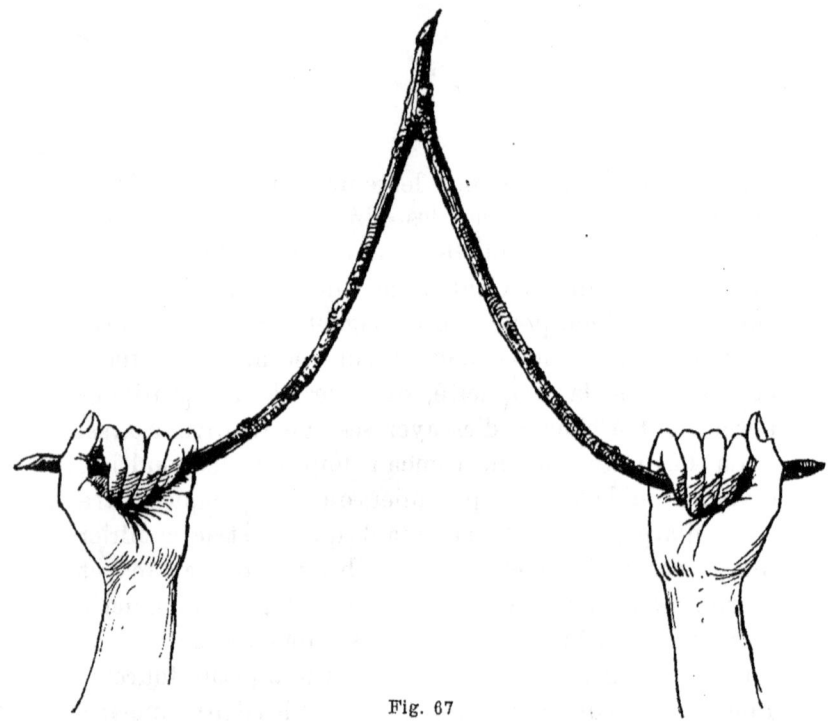

Fig. 67

vertical et les deux bras jusqu'au coude doivent tomber verticalement, sans raideur, les deux avant-bras sont parallèles et horizontaux. On tourne alors les deux mains en dehors comme pour les mettre sur le dos. La baguette se plie comme l'indique la figure 67. Avec un peu d'adresse on arrive à placer la tige commune dans une position sensiblement horizontale, la baguette formant comme un essieu coudé dont les tourillons seraient les mains. On peut alors se déplacer sur le sol radiant.

Au bois, certains baguettisants ou rhabdomanciers ont préféré la baleine, ou des baguettes métalliques particulièrement employées en Angleterre.

* * *

M. Armand Viré, docteur ès sciences, directeur du laboratoire de biologie souterraine de l'Ecole des hautes études, fut amené, à l'occasion des baguettisants, à organiser récemment des « expériences dont les sourciers devaient être les principaux personnages ».

Il raconte qu'au parc du château des Marais, à Argenteuil, il « fit mine, par plaisanterie, de chercher lui-même des sources, une baguette à la main ».

« Arrivé, ajoute-t-il, sur un point indiqué précédem-
« ment par les sourciers comme produisant sur eux une
« grande réaction, et tout en causant à ce moment pré-
« cis de choses étrangères au sujet, j'éprouve tout à
« coup une sensation bizarre et vois l'extrémité de la
« baguette s'abaisser lentement vers le sol. Je continue
« à marcher et fais tous mes efforts, par une torsion
« en sens contraire des poignets, pour arrêter la marche
« de la baguette. Bien en vain d'ailleurs, car celle-ci,
« avec une torsion très nette au point où elle sortait
« de mes mains, se met enfin à la position verticale. »

M. Viré fait cependant observer « qu'il ne faut point brusquement passer du scepticisme absolu à un enthousiasme irréfléchi », et il s'explique ainsi dans un article paru dans *La Nature* :

« Un point me paraît pourtant acquis : certaines
« personnes — dont il semble que je fasse partie —
« peuvent reconnaître à une certaine profondeur des
« cavités, des eaux et diverses substances souterraines,
« dont rien ne décèle la présence à la surface du sol.

« Je suis désormais persuadé, à la suite de ces quatre
« ou cinq journées d'observations portant sur un certain
« nombre de sujets, qu'il y a dans la question des

« sourciers non point le néant scientifique comme je
« me le figurais jusqu'ici, mais au contraire un inté-
« ressant problème à examiner avec toute la prudence
« et toutes les garanties qu'il comporte.

« La méthode graphique que j'ai adoptée, sans être,
« tant s'en faut, la seule que l'on puisse employer, me
« paraît précieuse en beaucoup de cas, et je me propose
« de continuer à m'en servir.

« Nous espérons pouvoir, M. Martel et moi, au cours
« de l'été prochain, poursuivre l'expérimentation, en
« opérant sur de vastes cavités naturelles, et avec le
« concours de certains des sourciers qui nous ont paru
« se classer vraiment au premier rang, et en les met-
« tant dans des conditions matérielles et morales bien
« plus favorables que celles qu'ils viennent de ren-
« contrer. »

D'autre part, le *Courrier de Genève* annonce qu'une société immobilière de cette ville a fait mander l'abbé Mermet, curé de Cernier (Suisse), dont les expériences au dernier concours des sourciers furent très remarquées, pour faire des recherches hydrologiques au Salève. Il s'agissait de contrôler les données déjà relevées sur l'origine et le cours souterrain d'une source appelée « l'Eau Belle ».

L'abbé Mermet s'est rendu aux Treize-Arbres et au Petit-Salève et les indications qu'il a données correspondent absolument avec le tracé déjà établi.

Enfin « dans une note sur les moyens dont procède la rhabdomancie pour l'indication des eaux souterraines, présentée à MM. les membres de l'Académie des sciences », M. H.-E. Cavalier, ingénieur à Montpellier, « tire la rhabdomancie du domaine si mal famé de la sorcellerie pour la faire entrer dans celui de l'observation scientifique plus digne d'elle ».

« Il ne s'agit plus, ajoute-t-il, comme Buffon, Che-
« vreul, le docteur Heirn et tant d'autres ont paru le
« croire, de jongleries, d'actions musculaires idéo-
« motrices, même inconscientes ; il s'agit de faits véri-

« fiés et vérifiables à satiété qui sont des oscillations
« et des girations du pendule de nature spéciale et
« propre, jamais observées et qu'il faut étudier et
« connaître.

« Si de grands esprits ont pu rire de la baguette mira-
« culeuse pour n'avoir pas à risquer des explications
« trop prématurées, ce rire ne peut plus être une opi-
« nion suffisante. »

Et M. Cavalier déclare en terminant « qu'il est nécessaire de se mettre, ainsi que l'a fait l'Allemagne, à
l'étude définitive de cette connaissance si utile par ses
résultats ».

Ce sera aussi notre conclusion.

ZOOLOGIE MARINE

LA SARDINE
ET LA CRISE SARDINIÈRE

Les mœurs de la sardine. — **Les migrations de la sardine et l'exploration scientifique de la mer.** — **La pêche de la sardine et sa conservation.** — **Les filets employés et leurs inconvénients.**

La crise sardinière qui sévit en France depuis de longues années déjà, a pris en 1913 une allure particulièrement grave par suite de la décision des usiniers de ne pas ouvrir leurs usines pendant la prochaine campagne. Quelle est donc cette industrie ? Quelles sont les opérations qu'on fait subir à la sardine ? Quelles sont les difficultés auxquelles on se heurte ? C'est ce qui mérite d'attirer l'attention des Français sur cette industrie éminemment nationale et qui malheureusement va probablement disparaître.

* * *

De Camaret aux Sables d'Olonne, dans presque tous les petits ports de pêche, on trouve une ou plusieurs fabriques. Elles sont 150 en tout et elles emploient un personnel d'environ 13.000 à 14.000 ouvrières, 1.500 à 2.000 soudeurs et 500 ouvriers divers. Elles font vivre 20.000 marins et, si l'on compte par famille, c'est peut-être 200.000 individus qui sont intéressés à leur prospérité. Aux époques les plus favorisées, le rendement total de la pêche à la sardine a atteint une valeur de 8 à 9 millions de francs par an. Mais la situation s'est profondément modifiée ; aux années de richesse ont succédé des années de misère, suivant les résultats de la pêche qui a toujours été irrégulière et hasardeuse. Très bonne de 1874 à 1878, elle a été mauvaise de 1880 à 1882, médiocre en 1883, mauvaise de 1884 à 1887, très bonne de 1888 à 1890, passable en 1891 et 1892, très bonne en 1893, bonne de 1894 à 1901 et, depuis cette date, constamment mauvaise ou médiocre. Cette absence prolongée du poisson dans la région bretonne est difficile à expliquer, étant données les allures mystérieuses de la sardine.

* * *

En Bretagne on prend, de janvier à mai, une première sorte de sardine, qui circule à plusieurs milles de la côte en bancs immenses dont on ignore les limites du côté du large. C'est *la sardine de dérive, la grande sardine de fond* des Boulonnais, que l'on rencontre jusqu'aux îles Canaries, qui est mûre pour la ponte et vient frayer. Elle a de 20 à 25 centimètres de long. La ponte effectuée, elle disparaît brusquement.

Peu après, au mois de juin, se montre la sardine dite de *rogue*, ainsi nommée parce qu'il faut, pour l'attirer vers les filets, l'appâter avec la rogue, purée d'œufs de morue rapportée de Terre-Neuve ou d'Islande. C'est la même sardine que la sardine de dérive, mais elle est plus petite et n'a jamais ni œufs ni laitance. On la prend beaucoup plus près des côtes et dans les baies, comme à Douarnenez. C'est la sardine comestible, la seule employée pour les conserves.

Chose curieuse, elle ne provient pas, ainsi qu'on pourrait le penser, des œufs laissés au printemps par la sardine de dérive. En effet, tandis que les œufs de harengs, par exemple, plus lourds que l'eau, tombent sur le fond, ceux des sardines surnagent pendant quelques jours grâce à un flotteur constitué par une gouttelette d'huile. Il en sort des larves allongées, sans écailles, absolument transparentes qui, dans le Midi, prises au filet fin alors qu'elles ont deux ou trois centimètres de long, constituent une gelée rougeâtre vendue sous le nom de *poutina*. Ces larves, sur le littoral Méditerranéen, se transforment peu à peu en sardines ; dans l'Océan, au contraire, dès qu'elles atteignent deux centimètres de long, elles disparaissent. On ne sait où elles vont achever leur croissance. On n'a jamais pu les élever à partir de cet âge dans les laboratoires.

Les sardines que l'on prend ont en général 14 à 15 centimètres de long et proviennent des larves de l'année précédente. Elles rôdent le long des côtes, de juin à novembre environ, puis disparaissent à leur tour pour revenir, adultes, en janvier.

* * *

Quelles sont les causes des migrations des poissons : morue, hareng, sardine ? Il semble que leurs déplacements latéraux ou verticaux soient régis par les conditions favorables au frai et surtout par la nécessité d'assurer leur nourriture, car dans le monde de la mer, chacun, selon sa taille, fait de son voisin sa proie. On doit donc découvrir la raison des voyages effectués par toute la série des êtres si l'on observe ceux des organismes minuscules dont beaucoup de poissons font leur pâture, de cette flore et de cette faune microscopique appelée *plankton*, sorte de poussière vivante comprenant de minuscules crustacés copépodes, des péridiniens (un estomac de sardine en contient facilement plusieurs millions), des diatomées, des algues et des protozoaires de toutes sortes.

Le plankton est naturellement soumis au jeu des courants, mais les conditions de température et de pression qui lui sont indispensables pour subsister sont les facteurs prédominants de ses déplacements et déterminent sa présence en un endroit ou en un autre. On trouvera donc tel poisson ou tel autre uniquement dans la couche d'eau remplissant les conditions qu'exige pour subsister l'organisme planktonique dont il se nourrit. Le plankton est par dessus tout sensible à la lumière qu'il fuit le jour en s'enfonçant pour ne remonter que la nuit, aussi n'est-ce qu'au crépuscule ou à l'aube que la pêche de la sardine, du hareng ou du maquereau est la plus fructueuse.

L'exploration scientifique de la mer de Bretagne renseignerait utilement sur les chances d'une campagne sardinière. Les résultats obtenus pour d'autres poissons, la morue et le hareng, en Norvège, ont montré l'intérêt de cette étude. Il y a quarante-cinq ans environ, ce pays, où la morue et le hareng constituent une source de revenus aussi importante que la sardine dans le Finistère et le Morbihan, souffrait d'une succession de mauvaises saisons de pêche. Le professeur Sars fut alors chargé par son gouvernement d'étudier les migrations de ces poissons et les causes déterminant leur éloignement des côtes qu'ils fréquentent habituellement. Les résultats de l'enquête furent qu'en hiver la morue qui s'approche de la Scandinavie pour frayer recherche les eaux tièdes, c'est-à-dire possédant une température de 5° au-dessus de zéro. En plongeant un thermomètre dans la mer, lorsque la morue ne se montre pas superficiellement, et en cherchant la couche de 5°, on est certain, en immergeant les engins à cette profondeur, de les remonter chargés de poissons. C'est ce que l'expérience a vérifié et les résultats pratiques ont été excellents.

Quelques années plus tard, des constatations non moins curieuses furent recueillies concernant le hareng. L'hiver, ce poisson visite d'une façon très intermittente la côte du Skagerrack et on découvrit que sa présence est intimement liée à celle des couches d'eau ayant un degré déterminé de salure. Par conséquent, aux approches de la saison de pêche, il suffit de mesurer la salinité dans le voisinage de la côte pour savoir si les marins ont intérêt à se mettre en campagne.

De même, au printemps, sur le littoral sud-ouest de la Norvège, la venue du hareng est subordonnée à la salure de la mer. Si les eaux côtières contiennent relativement peu de sel et sont froides, le poisson demeure au large, tandis que si elles sont salées et chaudes, il s'avance jusqu'à toucher terre.

Les recherches ont aussi mis en évidence ce fait capital que le rendement des pêcheries dépend de l'extension des nappes d'origine atlantique, c'est-à-dire très salées et relativement chaudes.

Tout récemment Nansen a démontré que si au printemps les nappes occupent en profondeur une étendue considérable le long de la Norvège, l'hiver suivant la morue est abondante. Ainsi on peut, environ 8 mois à l'avance, prévoir si la pêche sera fructueuse ou non. De plus, Nansen a constaté que le grand courant du Gulf-Stream éprouve périodiquement des variations de volume considérables et que ces fluctuations sont en relation avec les périodes des taches solaires. Aussi le produit des pêches se trouve, conséquence inattendue, être sous la dépendance des phénomènes astronomiques solaires.

* * *

Par suite des migrations journalières en profondeur et du peu de temps pendant lequel les sardines restent en vue des côtes, il importe aux pêcheurs de disposer rapidement leurs engins. La pêche se fait uniquement au filet. Les bateaux employés, habituellement montés par cinq hommes et un mousse, sont des barques non pontées de 7 à 8 tonneaux de 28 pieds de quille environ munies de deux mâts facilement démontables. Le coût du bateau tout gréé revient à 1.800 francs environ.

Arrivé sur le lieu de pêche on abat les mâts, on enlève le gouvernail et deux matelots ramant doucement maintiennent le bateau droit au vent. Le patron, debout à l'arrière, immerge le filet, rendu presque invisible en le trempant dans une solution de sulfate de fer, et sème la rogue. La sardine monte, attirée par l'appât, se précipite sans voir le filet et se *maille*, c'est-à-dire qu'elle engage sa tête. Le corps ne passant pas, elle veut reculer, se trouve retenue par les ouïes, ses efforts pour se libérer provoquent la rupture de certains vaisseaux, rupture qui détermine une hémorragie mortelle. Or la taille des sardines, bien que sensiblement la même pour tous les individus d'un même banc, varie d'un banc à l'autre, ce qui oblige chaque bateau à emporter tout un jeu de filets aux mailles de différentes grandeurs. La pêche finie, on se hâte de regagner le port car la sardine se corrompt très vite. Les sardinières envoyées par les usines se tiennent sur la jetée et crient les prix. La vente se fait au mille, vieille habitude à laquelle il serait préférable de renoncer. Les premières ventes sont les meilleures, les fabricants ayant besoin de poissons ; une fois pourvus ils paient moins ou même refusent d'acheter, ce qui oblige parfois les pêcheurs à rejeter leurs poissons à la mer.

Aussitôt arrivées à l'usine, les sardines sont saupoudrées de sel, et des femmes, munies d'un couteau, leur enlèvent la tête et les intestins. Un lavage à grande eau les débarrasse des écailles de sang et des souillures. On les plonge ensuite pendant un temps variable dans les baquets pleins de saumure et on les fait sécher jusqu'à ce qu'elles soient rigides et fermes au toucher. On

Fig. 68. — Le séchage des sardines.

Fig. 69. — La fabrication des boîtes de sardines.

les fait frire ensuite dans l'huile à la température de 125 à 150°. Lorsqu'elles sont refroidies on les égoutte, on les sèche, on les range dans les boîtes de fer-blanc et on les asperge d'huile d'olive fraîche. Des ouvriers,

Fig. 70. — La mise en boîte des sardines.

ou des machines, posent le couvercle et ferment hermétiquement les boîtes qui sont finalement stérilisées dans un autoclave.

* *

Les filets employés pour la pêche sont de formes très variées et leur efficacité très différente suivant chaque modèle. Comme un des éléments les plus importants du conflit qui dresse actuellement les uns contre les autres usiniers et marins est justement l'adoption de certains d'entre eux, il n'est pas sans intérêt de donner sur chacun d'eux quelques indications précises.

Au Portugal, on emploie presque exclusivement les *cercles* et les *madragues* qui sont les engins les plus puissants et les plus perfectionnés puisqu'ils fonctionnent sans nécessiter la moindre dépense de rogue et qu'ils permettent de capturer d'un seul coup jusqu'à deux millions de sardines. Le *cercle* est un vaste filet tournant en forme de nappe de 500 mètres de long sur 33 mètres environ de profondeur. La nappe est constituée par des mailles dont les dimensions diminuent de haut en bas car c'est vers la partie inférieure de l'engin que le poisson se trouvera finalement emprisonné. Cette nappe est munie de morceaux de liège très rapprochés à sa partie supérieure et est fortement lestée à sa partie inférieure qui porte des anneaux dans lesquels on passe un câble qui peut être halé du bord de façon à fermer la partie inférieure du filet et à le transformer ainsi en une gigantesque éprouvette. L'appareil est donc d'abord une nappe simple qui, par suite du mouvement circulaire qui lui est imprimé autour du banc de poissons à capturer, forme une vaste enceinte cylindrique que l'on transforme en une poche ovoïde en agissant sur le câble inférieur. L'ensemble des bateaux nécessaires au fonctionnement de l'appareil et le cercle lui-même coûtent environ 50.000 francs. La *senne tournante* employée dans le golfe de Gascogne ne diffère du cercle que par ses dimensions plus restreintes.

En Bretagne on emploie trois sortes de filets : le *filet droit*, le *filet Guezennec* et le *filet de Saint-Guénolé*. Le *filet droit* est une simple nappe rectangulaire de 30 à 40 mètres de long sur 8 à 10 mètres de large, liégée à sa partie supérieure et remorquée contre le courant à très faible vitesse. De temps en temps le patron jette à la mer quelques poignées de rogue qui attire les sardines ; elles s'engagent dans le filet que l'on remonte quand il est suffisamment garni de poissons. On peut ainsi prendre plusieurs milliers de sardines d'un seul coup. L'inconvénient de ce mode de pêche est que chaque bateau doit emporter un jeu (une dizaine environ) de filets de différentes grosseurs de mailles. Un filet droit coûte environ 60 francs et l'équipement complet d'un bateau, qui doit en posséder un double jeu, 1.800 francs environ.

Le filet *Guezennec*, de forme très originale, représente une véritable boîte flottante ouverte en haut et a l'une de ses extrémités maintenue ouverte par une perche. La sardine s'engouffre dans l'engin remorqué par le bateau. Quand la prise est suffisante, en tirant sur les câbles, le pêcheur ferme l'ouverture supérieure du filet et rabat une languette devant l'extrémité ouverte, fermant ainsi complètement le filet dans lequel les sardines sont emprisonnées. Ce filet, dont la puissance de capture est grande, ne nécessite aucune modification du gréement du bateau et coûte environ 400 francs.

Enfin le filet de *Saint-Guénolé* n'est qu'une modification du filet Guezennec et son rendement, bien que plus faible, est encore de beaucoup supérieur à celui des filets droits.

Ces deux sortes de filets paraissent devoir donner d'excellents résultats, et, avantage appréciable, exigent une quantité moindre de rogue. Le seul moyen d'être fixé serait de continuer les expériences commencées en 1906 mais qui durent être interrompues par suite de l'hostilité des pêcheurs. Les raisons qu'ils donnent à leur irréductible opposition sont multiples : les sennes se déforment sous l'action du courant, elles râclent les fonds et détruisent le fretin, elles coûtent cher. Toutes ces raisons sont erronées, les seuls motifs qui guident les marins sont surtout la tradition et la routine. Ils reprochent encore aux engins nouveaux d'amener entre eux de grands écarts de chances. De deux équipages travaillant dans les mêmes eaux, l'un peut avoir la bonne fortune de tomber sur un banc et de faire une pêche merveilleuse, tandis que l'autre ne ramènera qu'un maigre butin. Ces inégalités, qui sont bien moindres avec le filet droit, irritent les Bretons. Leur tort est de compter le gain quotidien sans voir que les chances s'équilibrent sur la durée d'une campagne.

Pourtant il devient indispensable de modifier les conditions actuelles de l'industrie sardinière, sous peine

Fig. 71. — Filet droit.

Fig. 72. — Senne tournante.

Fig. 73. — Filet Guezennec.

de la voir disparaître avant peu d'années. En effet, en Espagne et au Portugal, de nombreuses usines se sont créées ; il y en a à Santander, La Corogne, Cadix, Algésiras et Vigo. Cette seule ville en compte 137. Au Portugal on en trouve à Lagos, Villareal, Porto et Seterbal où fonctionnent 37 usines. L'Italie, de son côté, a créé des confiseries de sardines, la Suède et la Norvège expédient des harengs ou des sprats sous le nom de sardines ; les Etats-Unis préparent à l'huile de coton des harengs de 15 à 20 centimètres qu'ils vendent sous le nom d'*oil sardines*. Le prix moyen des sardines est de 10 francs le mille. Dans ces dernières années on les a payées jusqu'à 35 francs le mille. Tandis que nos plus puissantes usines ne peuvent traiter plus de 200.000 à 300.000 sardines en 24 heures, certaines usines de Seterbal et de Vigo en utilisent un million et à moins de frais, grâce à leur outillage perfectionné, de sorte que le prix de la caisse, qui varie en France de 32 francs dans les années d'abondance à 55 et 60 francs dans les années de disette, ne coûte guère à nos voisins que 18 à 19 francs en moyenne.

On voit combien précaire est la situation de l'industrie sardinière en France et l'intérêt qu'il y a à prendre dans le plus bref délai les mesures de protection indispensables.

GÉNIE MARITIME

Les
NOUVEAUX PAQUEBOTS

La nouvelle Compagnie de Navigation Sud-Atlantique a mis en service, cette année, deux bateaux : le *Gallia* et le *Lutetia*, dont la construction rapide et l'aménagement original méritent d'être signalés. Si ces paquebots jumeaux ne sont pas comparables, par leur taille, aux géants anglais et allemands, on leur a donné les dimensions maxima compatibles avec les conditions imposées par les ports qu'ils sont appelés à desservir. Quant à leur aménagement intérieur, il peut subir sans crainte la comparaison avec ce que les artistes décorateurs et les architectes étrangers ont conçu de plus commode et de plus élégant.

Nous allons donner une description détaillée de l'un de ces paquebots, le *Lutetia*.

* * *

La longueur du *Lutetia* est de 182 m. 63, sa largeur est de 19 m. 50. Son déplacement atteint 15.650 tonnes.

Le navire peut contenir :

Passagers de 1ʳᵉ classe		....	296
—	2ᵉ	—	106
—	2ᵉ	— intermédiaire	80
—	3ᵉ	—	570

L'équipage, en y comprenant les différents services : pont, machines, salons et cabines, représente 345 hommes.

Le *Lutetia* a une vitesse moyenne de service de 18 nœuds. La traversée de Lisbonne, Buenos-Ayres avec escales à Dakar et Rio de Janeiro, durera donc 13 jours.

Il est propulsé par 4 hélices, les lignes d'arbres centrales sont mues par deux machines à piston à triple expansion et à quatre cylindres, alimentées par 18 chaudières cylindriques du type marine marchande. Les cylindres basse pression échappent à deux turbines de détente placées dans le même compartiment que les machines alternatives. Ces turbines, elles-mêmes, échappent à deux grands condenseurs et commandent deux lignes d'arbres latérales. La puissance de l'ensemble moteur est d'environ 20.000 chevaux.

L'appareil évaporatoire se compose de 18 chaudières de 5 mètres de diamètre comprenant au total 54 foyers d'une surface de grille de 111 m² 60. Ces chaudières sont munies du tirage Howden assuré par 3 ventilateurs de 80.000 mètres cubes chacun.

A la consommation moyenne de 120 kilogrammes de charbon par mètre carré de grille, les chaudières absorbent chaque jour 320 tonnes de charbon. Elles sont d'ailleurs largement calculées et la vitesse en service peut être réalisée avec une consommation beaucoup moindre. On peut même ne pas allumer toutes les chaudières, ce qui permet d'avoir toujours des chaudières de rechange et par suite un entretien parfait de cette partie si délicate de la machinerie.

Pour alimenter les foyers, des soutes transversales et latérales sont installées, pouvant contenir 3.300 tonnes,

Fig. 74. — La pose de la quille du *Lutetia*.

qui permettent au navire d'être toujours largement approvisionné de charbon.

De même, pour l'eau douce, le navire peut embarquer plus de 1.200 tonnes d'eau. Des bouilleurs permettent d'ailleurs de faire 50 mètres cubes environ d'eau douce par jour.

* * *

C'est la passerelle de navigation qui est le vrai centre du navire. Les ordres qui y sont donnés sont dirigés, par des transmetteurs, des porte-voix et des téléphones haut parleurs, aux machines et aux appareils de mouillage et de manœuvre.

Pour la marche en arrière, très importante pour les entrées dans les ports et trop souvent sacrifiée, un dispositif permet d'utiliser toute la puissance des machines alternatives, ce qui donne aux manœuvres dans les ports, une sécurité complète.

Des instruments enregistreurs placés dans la timonerie permettent au commandant de suivre, non seulement la route indiquée au moyen de trois compas contrôlés l'un par l'autre, mais encore le fonctionnement des appareils moteurs et de l'appareil à gouverner.

Instruits par les accidents terribles qui peuvent détruire et faire couler en quelques minutes les modernes leviathans, les constructeurs ont divisé le navire en douze compartiments étanches. En outre, les cloisons de la chaufferie avant sont défendues contre l'invasion de l'eau par des portes à fermeture hydraulique instantanée, système Stone Lloyd, commandées de la passerelle, de telle sorte qu'en cas d'abordage, l'avant se trouve immédiatement séparé de l'arrière, et qu'une avarie, même très grave, ne peut amener l'immersion du navire.

Il y a d'ailleurs 18 embarcations de sauvetage disposées sur le pont supérieur, d'un accès et d'une manœuvre faciles.

Le *Lutetia* comprend plusieurs cales d'une capacité

Fig. 75. — Le lancement du *Lutetia*.

de 2.850 mètres cubes, desservies par 6 grues électriques placées sur le pont supérieur. En outre, le *Lutetia* faisant le service postal, comprend des aménagements spéciaux réservés pour le service de la poste. Enfin, de vastes soutes à bagages sont aménagées pour les passagers de toute classe et desservies par des mâts de charge installés sur le pont-tente.

* * *

Pour assurer l'éclairage et desservir les nombreux moteurs électriques répartis dans tout le navire, il y a à bord une grande station électrique composée de 3 dynamos de 120 kilowatts.

Des services d'eau salée froide et chaude, d'eau douce froide, chaude et refroidie desservent tout le navire. Signalons une particularité qui sera appréciée des passagers : la plus grande partie des baignoires sont alimentées à l'eau douce.

Les approvisionnements de bouche, pour l'entretien de 1.400 passagers, pendant une longue traversée, sont considérables. Des chambres froides spacieuses sont ménagées à l'arrière du navire et conservent les vivres parfaitement frais. Les viandes, légumes, les fruits, les poissons ont chacun leurs compartiments spéciaux dans lesquels des machines à acide carbonique et à circulation de saumure maintiennent des températures voisines de 0°.

De grandes cambuses reçoivent les vins, farines et conserves.

Une organisation spéciale préside encore à la préparation des mets de tables. Une boucherie, une pâtisserie, une boulangerie fonctionnent nuit et jour. Les cuisines sont aménagées pour toutes les classes et munies des derniers perfectionnements dus à la science hôtellière : parmentière, marmites à vapeur, tables chaudes et froides, glacières, percolateurs, machines à découper,

Fig. 76. — Le *Lutetia* terminé.

à peler, à moudre, machines à laver la vaisselle, tout marche à la vapeur et à l'électricité.

* * *

Le paquebot *Lutetia* contient 130 cabines de première classe et 32 cabines de luxe, réparties entre le pont du *roof*, le *château* et le *premier entrepont*.

Les cabines de luxe situées sur le pont du roof et sur le pont du château, dans sa partie arrière, sont entièrement revêtues de panneaux d'étoffe spécialement dessinée et de frises décoratives aux couleurs vives, avec encadrements d'une ébénisterie claire, bordée de filets de marqueterie, semblable à celle des meubles : grande armoire, commode, coiffeuse à trois glaces, lit de cuivre, radiateur électrique. Ces cabines possèdent toutes un cabinet de toilette avec salle de bains et water-closet.

Sur le pont du roof, des cabines extérieures à un passager, également décorées sur le même modèle que les cabines de luxe, sont attenantes à ces dernières et peuvent communiquer avec elles de manière à pouvoir loger des familles.

Les cabines ordinaires sont groupées de manière à supprimer complètement les cabines intérieures. Le groupement comporte une cabine à un passager et deux cabines à deux passagers. L'ensemble de ce groupement a un vestibule d'accès commun.

Toutes les cabines sont vastes, claires et confortables.

Les cabines du pont du château possèdent un cabinet de toilette muni d'un lavabo en porcelaine ; ces cabines qui sont à deux passagers sont séparées en deux par un rideau, de telle sorte que chaque passager peut facilement s'isoler. Les cabines de l'entrepont supérieur, à un, deux ou trois passagers sont également vastes.

Tous les éléments de confort ont été réunis ; les cabines sont munies de ventilateurs à ailettes et de

Fig. 77. — Le rotor de l'une des turbines.

bouches d'air frais refoulé par des ventilateurs à grand débit placés sur le pont-tente ; des boutons d'appel et des appareils téléphoniques correspondent avec un tableau central en communication constante avec les offices. Tous les lavabos sont desservis par l'eau froide et chaude.

Pour les richissimes américains du sud qui emprunteront la nouvelle ligne, la compagnie a fait aménager des appartements de grand luxe.

Chacune des pièces de ces appartements est richement décorée : les chambres à coucher sont revêtues de boiseries laquées, avec frises et panneaux muraux, à motifs floraux sculptés et décorés dans le goût le plus moderne, elles comportent des lits de cuivre ornés de panneaux laqués, grande armoire et commode-coiffeuse. Une salle de bains avec toilette et water-closet leur est annexée.

Les salons, du style Directoire, sont attenants aux chambres à coucher et décorés de frises peintes et de tentures de soie ; les salles à manger, en ébénisterie claire, communiquent avec les salons par une large baie vitrée. Ces pièces donnent sur la promenade de grand luxe par de grandes fenêtres en bois avec persiennes en tôle. Une salle de bagages spéciale et une chambre de domestique particulier sont réservées à chaque appartement.

Une grande promenade spéciale, complètement abritée est réservée aux passagers des appartements de grand luxe et, grâce à des encorbellements débordant à l'extérieur, leur permet de voir, par tous les temps, ce qui se passe le long du bord.

* *

La salle à manger située à la partie avant du château est de style Louis XVI, peintures claires avec panneaux de décoration florale du plus agréable effet. Elle est divisée par des colonnes sculptées et des jardinières en un certain nombre de pièces indépendantes qui forment comme autant de restaurants.

Le service est fait par petites tables. Seule la table du commandant réunit 32 couverts.

Une grande claire-voie donne à profusion la lumière, et les ouvertures ménagées dans le salon de musique permettent de prendre les repas au son de l'orchestre. Sur l'arrière de la salle à manger, le restaurant à la carte, de style Louis XVI avec tentures de brocart jaune, le restaurant des enfants et le restaurant des fumeurs, d'une décoration originale et très moderne, sont réservés aux passagers qui désirent commander des repas spéciaux.

* * *

Le pont-tente est occupé, sur une longueur de 80 mètres environ, par une longue suite de salons, salon de musique, salon de lecture, fumoirs qui communiquent par des halls et des galeries somptueuses. D'immenses fenêtres prenant jour sur le pont-promenade se succèdent presque sans intervalle, éclairent largement ces locaux et permettent aux passagers, sans quitter les salons ou les galeries, de voir au loin l'horizon.

Le salon de musique est de style Directoire ; les parois sont ornées de panneaux délicatement décorés d'oiseaux stylisés, les lambris sont laqués en vert tendre de patine ancienne. La Compagnie Sud-Atlantique a prévu l'embarquement d'un orchestre qui donne tous les jours des concerts.

Les canapés et sièges, ingénieusement distribués autour d'une grande coupole octogonale, invitent à la conversation. Un superbe piano demi-queue Erard richement décoré groupe l'orchestre à la partie avant du salon, tandis qu'à l'arrière une cheminée décorative retient un autre groupement de sièges.

Le salon de lecture est, comme le salon de musique, traité en style Directoire, ses lambris de marqueterie d'un jaune éclatant avec incrustations d'amarante et de bronze vert s'allient de la façon la plus originale avec des panneaux de satin violet décorés d'ornements de perles et d'appliques brodées.

La bibliothèque, richement pourvue, les bureaux confortables, les tables de bridge font de ce salon le lieu de prédilection de ceux qui veulent faire leur correspondance, s'adonner à la lecture ou aux jeux.

Les galeries qui font communiquer entre eux les divers salons sont égayées par des vitrines où seront exposés des objets d'art qui seront pour les passagers une charmante documentation sur la production de nos artistes.

Le fumoir, en chêne clair, avec ses gracieuses marqueteries représentant des animaux et des fleurs, ses panneaux et son plafond de fibro-ciment laqués au four et lavables, ornés de paniers de fleurs et de fruits, ses meubles revêtus de cuir havane, est une heureuse application de la décoration moderne aux nécessités spéciales d'un fumoir de paquebot. Un bar se trouve à proximité du fumoir.

Le café-terrasse en treillage peint de couleurs vives prolonge le fumoir sur l'arrière du pont-promenade.

Ajoutons que tout a aussi été prévu pour le travail à bord de ceux qui ne peuvent pendant une si longue traversée négliger leurs affaires.

Un poste de télégraphie sans fil, à grand rayon d'action, permet aux passagers de rester en communication avec leur famille et de se tenir constamment au courant de leurs affaires. Des messages peuvent être expédiés à toutes heures du jour et de la nuit. Des dactylographes sont aussi à la disposition des passagers.

* * *

Les locaux réservés aux passagers de 2ᵉ classe sont plus vastes et plus confortables que ceux jusqu'à présent prévus sur les lignes de l'Amérique du Sud.

Une vaste salle à manger s'étendant sur toute la largeur du navire, au premier entrepont, un grand fumoir et un salon de dames sur le pont-promenade, leur donnent un grand confort général.

Les cabines vastes, bien éclairées et bien aérées sont aussi très bien comprises. L'aspect général des aménagements est gai et agréable.

Une vaste promenade est réservée sur le pont supérieur à ces passagers.

Les passagers des deuxièmes intermédiaires ont une vaste salle à manger dont la cuisine est commune avec celle des deuxièmes classes ; des bains et des water-closets communs donnent à ces passagers un confort presque équivalent à celui des secondes classes.

Enfin, le *Lutetia* peut transporter 570 passagers de 3ᵉ classe en postes.

Un poste spécial a été prévu pour le logement des femmes.

Des bains et douches sont installés dans ces aménagements qui sont vastes et bien ventilés. Une cuisine spéciale, un office et des buvettes donnent une nourriture confortable et des rafraîchissements variés.

TABLE DES MATIÈRES

Pages

Préface..................................... 5

Introduction............................... 11

Travaux Publics

Le canal de Panama. — Historique. Géologie du canal. Le climat. L'organisation du « Canal Zone ». L'organisation des services. La tranchée de la Culebra. Le barrage de Gatun. Les écluses. Les services annexes...................... 13

Le tunnel du Loetschberg. — La nouvelle voie vers l'Italie. Le percement du tunnel. Les rampes d'accès. Le mode de traction électrique adopté..... 37

Architecture.

Le théâtre des Champs-Elysées................. 49

Chimie Industrielle.

La fixation industrielle de l'azote. — Importance du problème. Principe des procédés de fixation. Le procédé Haüser. Azote nitrique et azote ammoniacal. La fabrication synthétique de l'ammoniaque par le procédé Haber. La cyanamide. Les azotures et le procédé Serpek. De l'ammoniaque à l'acide azotique. Le rôle des catalyseurs. Le nitrate du Chili et l'avenir de la préparation synthétique.................................. 59

Les applications des rayons ultra-violets. — Les rayons ultra-violets. Leurs propriétés générales. Les effets physiologiques des rayons ultra-violets Les applications de leur activité chimique. La photolyse, la photosynthèse. L'examen des poudres aux rayons ultra-violets.............. 71

Transports.

Le réseau des tramways de Paris. — Historique du réseau. Constitution du réseau actuel. Distribution de la force motrice. Le caniveau souterrain. Le caniveau central, sa construction. Le matériel roulant. La suppression des impériales. Les divers types de voitures proposés.......... 83

Physique théorique.

La pompe à vide moléculaire. — Les perfectionnements des pompes modernes. La première pompe de M. Gaede. La nouvelle pompe moléculaire. Son fonctionnement...................... 107

La longueur d'onde des rayons X. — Les expériences de diffraction lumineuse. Les réseaux. Les réseaux moléculaires pour rayons X. Les expériences de MM. Knipping, Laue et Friedrich............ 113

Les expériences de transmutation des métaux. — Les expériences de Ramsay. Le chaos de la physique moderne. Réfutation des résultats de Ramsay, par Soddy et J.-J. Thomson................ 119

Physique industrielle.

La combustion au contact des surfaces. — Le problème de la transmission de la chaleur. La théorie et la pratique. L'explication par la théorie cinétique. Les chaudières à circulation intensive des gaz. Les expériences de M. Bone. Le chauffage économique des chaudières. La fusion des alliages et des métaux.............. 123

Aviation.

Pages

L'aviation en 1913. — Les expériences de Pégoud. La traversée de la Méditerranée. La sécurité en aéroplane : le stabilisateur Moreau. La question des parachutes. Les expériences de Pégoud. L'avenir des parachutes.................... 135

Force motrice.

Une turbine de 20.000 *chevaux*.................. 145

Chirurgie.

La chirurgie moderne et les expériences du Docteur Carrel. — La vie latente des tissus. Le développement en dehors de l'organisme des fragments d'organes. Le problème du cancer et celui de la vieillesse. Les organes peuvent accomplir leurs fonctions en dehors de l'organisme. Les opérations du cœur et de l'aorte................... 155
Les blessures des armes modernes................ 165

Électricité.

Les communications à grande distance. — Les recherches du major Squier. La téléphonie dans les mines. La télégraphie sans fil, sans étincelles, système Goldschmidt et Bethenod. La téléphonie sans fil, système Vanni. La télégraphie sous-marine par ondes sonores.................... 173

Science appliquée.

Les sourciers et la baguette divinatoire. — Les merveilles de la baguette. Comment choisir une baguette. Comment opérer. Le Congrès de 1913. 185

Zoologie marine.

La sardine et la crise sardinière. — Les mœurs de la sardine. Les migrations de la sardine et l'exploration scientifique de la mer. La pêche de la sardine et la conservation. Les filets employés et leurs inconvénients.............................. 193

Génie maritime.

Les nouveaux paquebots........................... 205

PAR. GRAY & IMP. L. GEISLER
AUX CHATELLES PAR RAON-L'ÉTAPE (VOSGES)
1, RUE DE MÉDICIS, PARIS

www.ingramcontent.com/pod-product-compliance
Lightning Source LLC
Chambersburg PA
CBHW051907160426
43198CB00012B/1791